LA VÉRITÉ

SUR

Mgr DARBOY

ÉTUDE PRÉCÉDÉE D'UNE LETTRE

A

S. E. LE CARDINAL FOULON

ARCHEVÊQUE DE LYON

Quæcumque sunt vera...
(S. Paul aux Philippiens)

GIEN

PAUL PIGELET, LIBRAIRE-ÉDITEUR

RUES DES DEGRÉS ET DU CHATEAU

1889

LA VÉRITÉ

SUR

Mgr DARBOY

GIEN — IMPRIMERIE PAUL PIGELET

LA VÉRITÉ

SUR

MGR DARBOY

ÉTUDE PRÉCÉDÉE D'UNE LETTRE

A

S. E. LE CARDINAL FOULON

ARCHEVÊQUE DE LYON

Quæcumque sunt vera...
(S. Paul aux Philippiens)

GIEN
PAUL PIGELET, LIBRAIRE-ÉDITEUR
RUES DES DEGRÉS ET DU CHATEAU
1889

A S. E. LE CARDINAL FOULON

ARCHEVÊQUE DE LYON

Éminence,

Ce n'est pas sans étonnement que le clergé de France a vu paraître, en moins de trois mois, deux histoires complètes de Mgr Darboy, archevêque de Paris. On croyait généralement que la vie de ce prélat ne devait pas être racontée à cette génération ; et j'oserais dire que tout le monde en était convaincu, tout le monde jusqu'à vous, Monseigneur, qui avez eu le mérite de résister seize ans au désir légitime de publier votre ouvrage. J'excepterais peut-être M. l'abbé Guillermin, qui paraît n'avoir douté et ne s'être douté de rien jusqu'à présent. Lui seul a jugé que le moment était venu d'attirer l'attention sur l'ancien archevêque de Paris, et de nous le montrer avec « la triple palme du doctorat, de l'obéissance et du martyre. » Son exemple vous a entraîné, et l'on vous a vu joindre vos efforts aux siens pour réhabiliter la mémoire de Mgr Darboy. Mais les auteurs ne se font-ils pas illusion, s'ils croient qu'il suffisait pour cela de deux apologies d'une vie épiscopale tant discutée ? Tous ceux qui ont vécu à cette époque croiront encore, même après avoir lu ces deux ouvrages, qu'on aurait mieux fait de ne pas remuer cette cendre, sous laquelle se cachait un feu de polémique non éteint, et de laisser dormir cet évêque dans sa mémoire inquiète.

Il me semble pourtant, dans la solitude où je vis, que ces deux livres font leur chemin au milieu d'un silence qui ressemble assez à ce que vous appelez quelque part « notre indifférence d'aujourd'hui. » Vous n'avez peut-être pas rencontré d'autre contradiction publique que celle qui a paru dans l'*Univers* (12, 15, 22 février 1889). Ces « rectifications, » M. E. Veuillot les a faites avec la compétence toute personnelle qu'il a dans ces sortes de choses, avec une netteté irréfutable, mais aussi avec une réserve dont Votre Grandeur lui aura su gré. Il a jugé à propos de borner son examen à peu près à ce qui regarde l'*Univers* et Louis Veuillot, quand il aurait pu, sans négliger les questions personnelles, se mettre à un point de vue plus élevé, et embrasser l'ensemble de cette histoire, dire les erreurs et les fautes, la défiance des catholiques et les craintes de l'Eglise, et sans méconnaître la grandeur de cette mort, montrer les faiblesses de cette vie.

Il ne l'a point fait, et si vous attachez quelque importance à tant d'articles de journaux et de lettres de félicitation, vous resterez peut-être convaincu que vous n'auriez pas dû hésiter si longtemps et que vos craintes n'étaient pas fondées. Mais n'est-il pas plus sûr de croire que la vérité se trouve derrière ce nuage d'apparences qui vous enveloppe. Vous en auriez la preuve, Monseigneur, si vous pouviez entendre tout ce qui se dit dans ce clergé, dont le jugement doit avoir pour vous quelque valeur.

Sans doute le clergé ne parle guère aujourd'hui; et l'on peut se demander d'où lui vient cet amour du silence. Est-ce une réserve louable faite de prudence, de crainte et de respect? Est-ce lassitude des polémiques passées? Ne serait-ce pas aussi une indifférence qui viendrait de ce que le jeune clergé, qui s'abonne à moitié prix à des journaux à moitié mondains, suit avec peu d'intérêt le mouvement de la vie extérieure de l'Eglise? Je ne saurais le dire : mais il est certain que, publié il y a vingt ans, un livre comme celui-ci aurait excité de vives polémiques, rencontré des contradicteurs résolus, et trouvé des défenseurs non moins ardents. Il n'en est pas de même aujourd'hui : au lieu de publier son jugement, on se contente de le formuler entre amis, sous le manteau de la cheminée. Si l'on peut dire que cela tourne à l'avantage d'une certaine paix, il n'en est pas de même de la vérité. Grâce au silence des sentinelles, la légende passe revêtue du manteau de l'histoire, qu'elle remplace aux yeux des jeunes générations.

A qui s'adresse, en effet, cette « histoire » de Mgr Darboy? Sans parler de tant de laïcs toujours si peu attentifs pour ce qui touche à la doctrine, et de tant d'âmes disposées à prendre en bonne part les paroles d'un évêque faisant l'éloge d'un autre évêque, elle s'adresse principalement à ces jeunes prêtres dont l'enfance cléricale ne remonte pas au concile du Vatican. Pour eux ce qui s'est passé avant 1870 reste d'autant moins connu que ce n'est pas de l'histoire ancienne. Après le concile, le silence s'est fait sur ces divisions entre catholiques et même entre évêques, sur ces luttes si vives qui vous donnaient tant d'émotions, et les jeunes prêtres sont portés à lire sans défiance tout ce qui paraît devoir leur révéler la vie de l'Eglise à cette époque. Telles sont, Monseigneur, les dispositions d'esprit avec lesquelles le jeune clergé aura accueilli votre ouvrage et celui de M. Guillermin, la plaidoierie de celui-ci, et l'apologie plus discrète, mais aussi bien plus autorisée de celui qui fut l'ami fidèle de Mgr Darboy et qui est pour nous le primat des Gaules.

Et à quel moment arrivent-ils, ces deux ouvrages ? Ah ! laissez-moi vous dire, Monseigneur, que vous avez raison de parler avec une certaine mélancolie des circonstances dans lesquelles votre livre devait paraître. Eh quoi ! Nous sortons d'une persécution pour rentrer bientôt dans une autre, et entre ces deux tourmentes l'Eglise se recueille : en arrière elle mesure du regard le terrain qu'elle a perdu ; elle voit les ruines accumulées ; elle compte ses morts : — en avant, voici l'ennemi qui n'a pas désarmé, qui dessine son plan d'attaque et poursuit ses préparatifs pour reprendre à son heure une guerre qu'il veut faire sans merci. Pour ne pas faiblir dans la lutte, elle invite ses enfants à regarder aux belles pages de son histoire, à évoquer les grandes figures de ses héros, pour leur susciter des imitateurs et faire passer quelque chose de leur âme dans l'âme de ses évêques, de ses prêtres, de ses fidèles. Il nous faut des Paul, des Ambroise, et l'on nous présente celui qui ne voulut être que l'historien de saint Thomas de Cantorbéry, et ne sut pas même s'élever à la hauteur d'un cardinal Fesch!

Mgr Darboy est de ceux pour qui la postérité ne peut venir que lentement. Et comme il n'appartient à personne de hâter son arrivée, vous aviez parfaitement compris, Monseigneur, qu'il convenait de garder le silence pendant cette période intermédiaire qui n'est plus la vie, qui n'est pas encore l'histoire; c'est un temps pendant lequel il est difficile de ne pas blesser ou la vérité en louant un homme, ou la mémoire d'un homme en disant la vérité. On n'aurait pas dû oublier que nous traversons la période du silence obligatoire pour Mgr Darboy, et que l'amitié parlant trop tard provoquerait l'histoire à parler trop tôt. Nous en sommes là, et si l'on y trouve des inconvénients, vous permettrez, Monseigneur, que je n'en accepte pas la responsabilité.

Quoique j'aie été plus d'une fois dans l'obligation de vous contredire, Monseigneur, je publie ces quelques pages surtout comme un supplément à votre ouvrage : le lecteur y trouvera des documents de la plus haute importance pour former son jugement, et vous n'aurez pas de peine à voir que je n'ai eu d'autre intention que de dire la vérité, d'autre désir que de servir le pape et l'Eglise.

J'ai eu assez de confiance en votre bonté, Monseigneur, pour croire que vous accepteriez la contradiction, et je suis sûr que vous ne refuserez pas d'entendre et de reconnaître la vérité quelle qu'elle soit. C'est pourquoi j'ai cru pouvoir tout dire, et, paysan des bords du ***, parler comme le *paysan du Danube.*

Je voudrais, avec la franchise de ce brave homme, imiter encore son geste final, sans crainte du châtiment auquel il se dévouait et sans espoir d'être nommé patrice, comme il le fut, mais avec le désir de mettre à vos pieds, Monseigneur, l'hommage des sentiments avec lesquels je suis,

De Votre Eminence,

LE TRÈS HUMBLE SERVITEUR.

I

HISTOIRE ET HISTORIENS (1)

Une puissance d'outre-tombe. — Silence général. — Indiscrétions. — Un mauvais bon mot. — Historiens discrets. — Prophétie. — La *Vie* de M. Guillermin. — Un conseil d'Horace. — Mgr Foulon et l'impartialité. — Lacunes. — Compliments et oraison funèbre. — L'histoire au catéchisme.

Lentement, silencieusement, prudemment, Mgr Darboy descendait dans l'histoire. Toujours politique, « diplomate comme Richelieu » dirait M. E. Ollivier, comme Bernier, dirais-je à mon tour, sans vouloir être le courtisan de cette puissance d'outre-tombe, il entendait pourtant la ménager comme il avait ménagé celles qu'il avait rencontrées dans l'autre monde, je veux dire dans celui-ci. Toujours heureux jusqu'à sa mort, ne pouvait-il espérer que son étoile l'accompagnerait encore au-delà, et que, moyennant certaines précautions, il arriverait à occuper une place digne de son passé, dans le panthéon de l'histoire. Mais cela ne pouvait se faire qu'à la condition que personne ne parlât de lui d'aucune façon, et qu'il obtînt, avec l'oubli de ses adversaires, le silence même de ses amis.

---

(1) *Histoire de la vie et des œuvres de Mgr Darboy*, par Mgr Foulon. Paris, Poussielgue, in-8°.

Vie de Mgr Darboy, par l'abbé Guillermin. Paris. Bloud et Barral, in-8°.

On lira avec un vif intérêt les articles de M. E. Veuillot, qui paraîtront sans doute bientôt en brochure.

Assez longtemps on put croire que cet avantage lui serait assuré : ses amis entrèrent dans ses vues et comprirent que le meilleur moyen de le servir encore, et la dernière marque de fidélité à lui donner, était de faire à sa renommée le sacrifice de leurs louanges. Tels étaient, si je ne me trompe, les sentiments de Mgr Foulon, et c'est bien là ce qui explique pourquoi il a gardé si longtemps en portefeuille un ouvrage que sa plume diligente avait achevé dès l'automne de l'année 1872. De leur côté, les adversaires oubliaient tout par respect pour la grande victime de nos dissensions politiques. On put répéter une belle parole de Pie IX ; on entendit l'évêque de Poitiers appliquer à l'archevêque de Paris cette parole prophétique dite pour la victime du Calvaire : « *Cum his qui oderunt pacem eram pacificus* ». Enfin on lut une belle page de Louis Veuillot à l'occasion des funérailles de « Georges Darboy, témoin de Pierre, vicaire du Christ, et témoin du Christ ». Ainsi tout le monde s'unissait dans un même sentiment, et l'on vit alors le pays oubliant ses griefs, l'Eglise ses angoisses, des adversaires déposant les armes, pour se donner la main au-dessus de sa dépouille sanglante : on ne voulait plus voir sa vie qu'à travers sa mort ; on disait : « Paix à sa mémoire ».

Pourquoi faut-il que le charme ait été rompu et le traité déchiré ! D'où vient-il qu'aujourd'hui nous soyons obligés de rappeler ce qu'il aurait fallu « taire éternellement », de rendre à chacun le rôle qui lui convient, de remettre enfin cette vie, je veux dire cette physionomie d'évêque, dans la lumière qui vient de la vérité seule ? Oh ! je n'attaque, Dieu m'en préserve ! la sincérité de personne. Mais il est démontré, une fois de plus, que l'amitié n'est pas toujours clairvoyante, et que l'imagination a ses écarts.

Il est vrai que le mal a été commencé par ceux que Mgr Darboy appelait volontiers ses ennemis, qui l'étaient peut-être, mais que j'appellerai d'un nom plus acceptable et applicable à tous, les indiscrets. Chose étrange, la vie de cet homme qui disait volontiers qu'il voudrait « avoir une poitrine de verre pour que tout le monde pût y voir ses intentions » ne nous aura été révélée que malgré lui, par indiscrétion. Cette sorte de trahison avait déjà commencé son œuvre avant le concile, par la publication d'une lettre que le pape avait écrite à l'archevêque, le 26 octobre 1865. Ainsi pendant trois ans cette lettre, qui devait rester confidentielle, n'avait été connue que de quelques personnages officiels, et l'on se demande encore aujourd'hui par qui elle a pu être livrée au public. Mais si l'on recherche le mobile de cette indiscrétion coupable, il ne sera peut-être pas téméraire de penser que celui qui l'a commise se proposait d'empêcher le pape de nommer l'archevêque de Paris cardinal. Sans doute l'intention n'est pas noble, le moyen n'est pas honorable ; mais en vérité, les catholiques ne diront pas que le résultat, s'il a été obtenu, soit si regrettable. Mgr Foulon croit savoir que cette lettre ne s'imprimait qu'avec peine, et ne se distribuait que clandestinement : cela prouve que les auteurs de la publication croyaient devoir prendre leurs précautions pour se dérober, et ils y ont réussi. Mais ces difficultés ne devaient pas être de longue durée ; un publiciste puissant, M. E. Ollivier, qui commençait alors son rôle d'historien de Mgr Darboy, la donna tout entière dans son livre le « 19 *Janvier* », d'où elle passa dans les journaux. Certes, c'est là un document de la plus haute importance, et l'on a le droit de s'étonner que Mgr Foulon n'ait pas jugé à propos de la faire connaître à ses lecteurs, autrement que par un résumé non moins fidèle mais presque aussi bref qu'une table des matières.

Plus tard, M. E. Ollivier, qui, dans un court passage au ministère, était devenu presque l'ami de Mgr Darboy, reprit pour son compte le cours des révélations, et publia plusieurs lettres adressées par l'archevêque à l'empereur et au ministre. Dans les premières, il fait appel à l'intervention du gouvernement dans les affaires du concile. C'est de l'une de ces lettres que Mgr Foulon va jusqu'à dire qu'elle « donne lieu incontestablement à de graves réserves ». Nous verrons plus loin qu'elle appelle autre chose que des réserves, même graves. La dernière, dont on ne cite qu'un passage, est adressée à M. Ollivier, alors ministre des cultes, et traite du choix des évêques. Hélas ! elle n'est pas non plus à l'honneur de celui qui l'a écrite. Pourtant, l'ancien ministre ne croit pas faire tort à la mémoire de l'archevêque en publiant ces lettres, puisqu'il déclare vouloir garder comme une relique de martyr celle qui lui a été adressée. Mais pour nous, que n'aurons-nous pas à dire de ces démarches, de ces sentiments, de ces idées d'un évêque catholique ! Nous y reviendrons, car en vérité, il n'y a rien de plus important ni de plus significatif dans toute cette vie.

Je me demande s'il est permis de noter ici, comme telle, une indiscrétion commise tout récemment par l'un des personnages les plus éminents de l'épiscopat. Provoqué par l'envoi de la « *Vie de Mgr Darboy* » de M. Guillermin, le cardinal Manning répondit : « Lorsque Mgr Jacobini, alors pro-secrétaire du concile, après cardinal secrétaire d'Etat, annonça la majorité avec ces paroles : *Ferè omnes surrexerunt*, Mgr Darboy me dit : « *Toutes les bêtes se sont levées !...* « *feræ omnes...* » Cela est dit avec un accent de charitable raillerie, que nous ne pouvons sans doute pas traduire en français ; car le vénérable cardinal appelle cela une « *douce plaisanterie* ». Mais c'est un bon mot bien mauvais pour celui qui l'a commis.

Il est remarquable que les seuls qui se sont abstenus de commettre quelque indiscrétion sur Mgr Darboy, sont précisément ceux qui se sont donné la mission de le faire connaître au public : on ne trouve rien dans ces deux volumes qui ne fût connu par ailleurs ; et l'on pourra voir que j'ai le droit de dire qu'ils ont laissé dans l'ombre certaines choses qui méritaient d'être mises en pleine lumière.... Qu'est-il arrivé ? C'est que l'histoire est allée se renseigner ailleurs, et a provoqué ces révélations que j'appelais tout à l'heure des indiscrétions. Jusqu'où n'ira-t-on pas dans cette voie? En voici encore une toute récente :

Maximin Giraud (de la Salette) aurait, dit-on, prédit à Mgr Darboy, qu'il serait fusillé.... Mgr Foulon proteste contre ce récit dans une courte note, à la fin de son ouvrage; un vicaire général de Paris a essayé, essaie encore, de le réfuter; mais il ne paraît pas bien sûr de lui-même, et la prophétie menace de prendre pied dans l'histoire....

Quelle était donc difficile la tâche des historiens de cet homme! Ne pouvant le peindre tel qu'il est sans qu'on eût le droit de leur demander pourquoi ils exhumaient cette figure, ils pouvaient encore moins entreprendre de parler contre la vérité et contre leur conscience en nous présentant un Darboy irréprochable, sachant bien, du reste, que les masques tombent tôt ou tard, et qu'on ne bâillonne pas l'histoire. Ils ont donc dû faire de grands efforts, dont nous montrerons toute la vanité, pour faire accorder l'histoire avec l'amitié et avec l'imagination.

Il y a donc un écrivain qui a entrepris d'écrire cette vie par pure fantaisie littéraire, puisqu'il n'avait été, que nous sachions, ni l'ami, ni le serviteur, ni le commensal de l'archevêque. Tel est, si je ne me trompe, le cas de M. l'abbé Guillermin, qui ne dit nulle part qu'il ait appartenu à cette école dont Mgr Darboy était un chef, et dont Mgr Foulon reste un des principaux survivants. A quel titre a-t-il donc entrepris cette œuvre, si ce n'est comme littérateur en chambre, comme artiste en quête de modèle? Celui-ci s'est présenté et lui a plu. L'ayant étudié, il crut qu'il méritait mieux que ses prédécesseurs, les autres archevêques dont il avait autrefois esquissé le médaillon; et il se mit à le peindre en pied, de grandeur plus que naturelle. Cette œuvre dénote chez l'auteur une disposition d'esprit qui plus d'une fois dut lui causer quelque tourment. Il admire son héros, mais il ne pense pas comme lui; et de ces deux sentiments il entend ne sacrifier ni l'un ni l'autre. Il jugera donc cette vie à l'aide des meilleurs principes ; il la pèsera dans la balance du sanctuaire ; il sauvegardera *presque* toujours les droits de la vérité ; quand il aura signalé certaines erreurs, raconté certaines défaillances, quand il aura laissé voir que les objurgations du pape n'ont rien changé aux idées de l'archevêque, son admiration n'en sera pas amoindrie, et à l'étonnement général, il dira dans une phrase assurément très oratoire, mais peu satisfaisante au point de vue historique, que Mgr Darboy emporte « *la triple palme du doctorat, de l'obéissance et du martyre.* »

Mgr l'évêque de Fréjus n'a pas craint de faire sien ce jugement et de l'aggraver en nous présentant celui qui en est l'objet comme « *un de nos vaillants évêques* ». J'ose espérer que, s'il veut bien lire cette étude, le vénérable prélat, mieux renseigné, n'hésitera pas à déplacer son idéal et à chercher ailleurs le modèle de la vaillance épiscopale.

Ah ! quand la muse de l'histoire prend ainsi le ton du panégyrique, il faut qu'elle soit bien sûre d'elle-même. Mgr l'archevêque de Lyon n'est pas tombé dans cet excès de langage ; son amitié l'a mis à l'abri de ces funestes exagérations ; et c'est peut-être ce qui l'a décidé à publier son ouvrage. Oui, il a fallu cette provocation d'un nouveau genre pour que sa patience, usée déjà par une longue attente, se soit aussitôt trouvée à bout. Le vieil Horace, qu'il cite à propos, demande un peu arbitrairement neuf ans de bouteille pour vieillir le Falerne littéraire de son temps : il y avait seize ans que *l'histoire* de Mgr Darboy était en portefeuille, et tout porte à croire que l'on aurait encore attendu pour la publier, en raison de certaines difficultés qui tiennent « à la condition des temps au milieu desquels ce livre est destiné à paraître ». Mgr Foulon obéissait à une excellente inspiration, et il est regrettable, croyons-nous, qu'on l'ait forcé à sortir d'une si sage réserve. Il avait compris que ce n'est pas la génération actuelle qui devait lire la vie de l'archevêque, et l'on peut ajouter, pour interpréter sa pensée, que la crise au milieu de laquelle l'Eglise de France se débat devait faire ajourner cette publication.

On peut encore se demander si les conditions faites à Mgr Foulon pour écrire ce livre étaient plus avantageuses. Il était sans doute admirablement placé pour connaître son héros, l'ayant côtoyé plus de vingt ans dans la vie ; mais comment oublier que c'est l'amitié qui a fait cette « *histoire* », et il faut le dire à son honneur, c'est toujours une chose touchante qu'un livre écrit par l'amitié. Heureux celui qui peut faire revivre un ami dans la mémoire des hommes. Plus heureux si les louanges qu'il donne à un mort doivent porter au bien les vivants, et encourager la vertu sans blesser la vérité !

Mais il n'est que trop facile de reconnaître que pour Mgr Foulon ce bonheur n'a pas été sans mélange. Son inquiétude est visible, et l'on sent qu'il va être péniblement partagé entre la crainte de sacrifier la vérité à un homme et le désir d'exalter cet homme qui lui est cher et qu'il sait compromis, pour ne pas dire condamné. Ne jugeant pas à propos de rappeler le mot de saint Augustin « *Amicus Plato, magis amica veritas* », il annonce au lecteur qu'il s'est fait une loi de l'*impartialité*, quoiqu'une pareille déclaration soit inutile ou insuffisante de la part de ceux qui entreprennent d'écrire l'histoire.

Sans doute il veut dire, si nous comprenons bien sa pensée, qu'il sera sincère, qu'il dira tout, qu'il ne prendra point parti, ou qu'il jugera.... comme un juge. En prenant cet engagement, le vénérable écrivain promet ce que personne ne songeait à lui demander, mais aussi peut-être plus qu'il ne pourra et moins qu'il ne devra donner. Dans une histoire où tant de choses sont blâmables on voudrait qu'il se prononce et qu'il n'hésite pas à se faire juge.

Non, personne assurément n'aurait suspecté la sincérité

d'un évêque écrivant l'histoire d'un autre évêque. Peut-être aurait-on mieux aimé voir l'amitié se mouvant librement et prenant toujours l'accent qui lui est propre que de la voir toujours gênée dans son allure et osant à peine parler. Or ici elle paraît comme écrasée sous le poids de cette froide impartialité sans que l'histoire y gagne beaucoup. Nous avons là un ouvrage d'une sincérité laborieuse et méritoire, nous n'avons pas un livre de vérité. Car, dans ce livre, on n'a pas tout dit et je n'entends par là que des choses importantes ; l'on a passé sous silence telle opinion de l'archevêque, que nous aurons plus tard le droit de qualifier sévèrement ; on a donné, sans le vouloir assurément, mais enfin l'on a donné à un très haut personnage, à Pie IX, un rôle qui ne lui convient pas historiquement et qui ne paraîtra pas suffisamment respectueux...

En promettant l'impartialité, l'éminent auteur s'engage peut-être à ne pas prendre parti, mais il oublie qu'il a déjà pris celui d'exalter la mémoire de Mgr Darboy, et que, du reste, c'est le devoir de tout historien, qui veut que son œuvre soit morale, de prendre parti, quoi qu'il puisse en coûter d'avoir à sacrifier un homme au culte de la vérité. On n'a pas à faire ce sacrifice quand on raconte la vie d'un homme toujours fidèle, ou dans laquelle on n'aura à relever que des fautes noblement avouées et réparées. Ainsi Mgr Foulon paraît avoir promis trop ou trop peu, et cette disposition a nui à la composition de son ouvrage, où il se montre embarrassé quelquefois de louer Mgr Darboy, paralysé toujours quand il s'agit de venger contre lui l'autorité du Pape et les droits de la vérité.

Aussi comment penser que cette impartialité puisse être celle du juge ? Quand on a vécu dans l'intimité d'un homme qui vous a honoré du titre d'ami, quand on a subi son influence jusqu'à épouser ses idées, et que dans des circonstances solennelles on a défendu la même cause, combattu les mêmes combats, essuyé les mêmes défaites, on ne peut plus se faire de sang-froid l'historien de cette vie, le narrateur exact de ces combats, le juge impartial de ces défaillances ; et si, malgré tout, l'on entreprend cette œuvre impossible, il arrive qu'au moment décisif, quand il faut prendre parti, prononcer et juger, les vieilles impressions se ravivent, des sentiments se réveillent qu'on ne se connaissait plus, la vie tout entière de l'historien se dresse devant lui, son cœur bat, son regard s'obscurcit, la plume lui tombe des mains et, au lieu d'un juge, le lecteur n'a plus en face de lui qu'un témoin à décharge.

On peut faire juger un homme par ses pairs, jamais par ses amis, ni par ses clients. Qui donc aurait pu faire juger Napoléon par un de ses vétérans, fût-il Drouot, l'honnête homme par excellence, le Drouot de la grande armée et de l'île d'Elbe, de Napoléon et de Lacordaire ? Il eût répondu avec raison : « Que d'autres le jugent, pour moi, je l'aime... » La comparaison n'a rien de désobligeant ; c'est pourquoi j'irai jusqu'à dire que Mgr Foulon paraît être le Drouot de Mgr Darboy.

De là vient sans doute que, sans presque jamais rien citer de ce qui peut être nuisible à la mémoire de son héros, il a plus d'une fois recours à la littérature des compliments et des panégyriques. Les compliments sont une plaie de l'époque, j'allais dire un des signes de notre décadence. Mgr Besson le remarquait peu de temps avant sa mort, avec sa causticité habituelle. Les évêques en souffrent, et c'est presque justice, puisque, même sans le vouloir, ils contribuent à exciter cette végétation malsaine. La mort du moins devrait les mettre à l'abri de cette persécution, et l'histoire n'a pas à recueillir ces témoignages de prêtres complimentant leur évêque, parce que, même quand ils n'y perdent pas leur dignité sacerdotale, ils y parlent sans autorité.

Que dire de l'oraison funèbre ? Sans comparaison de génie, à quelle distance n'est-elle pas de ce que Bossuet l'avait faite ? Il croyait que l'oraison funèbre est le discours le plus élevé, le plus solennel que la chaire chrétienne puisse inspirer : aujourd'hui, sous prétexte d'éviter l'emphase, et pour ne pas enfler la voix, on condamnerait tout Bossuet, depuis « Celui qui règne dans les cieux... » jusqu'à « Venez, peu- « ples, venez, maintenant... », dans la crainte de sortir du style tempéré, de la sobriété de pensée et d'expression qui plaît à la médiocrité des auditeurs. Le grand orateur voulait que l'histoire du mort, même par ses fautes, fût une prédication pour les vivants : aujourd'hui, il faut que tout tourne à l'éloge du défunt, même « ces choses dont je vou- « drais pouvoir me taire éternellement », auxquelles l'habileté veut qu'on ne fasse pas même allusion. Bossuet savait toujours montrer l'action de Dieu dans la vie de l'homme : aujourd'hui, on ne cherche qu'à faire le récit d'une existence mêlée à des événements plus ou moins graves..... et c'est ainsi qu'à deux cents ans de distance — je dis deux cents ans — nous avons vu l'oraison funèbre du grand Condé remplacée dans la chaire de Notre-Dame par un discours admirable... pour l'Académie.

Voilà donc ce qu'on a mis, et aussi ce qu'on n'a pas mis dans l'histoire de ce prélat. J'ai été frappé de voir qu'elle fût à la fois si chargée et si incomplète, et j'ai entrepris d'en fournir la preuve, en montrant qu'à rester ce qu'elle est, elle serait plutôt pour Mgr Darboy le commencement de la légende que le commencement de l'histoire. Il est vrai qu'elle est encore bien jeune ; et, si l'on me permet cette comparaison, je dirai qu'elle est comme les enfants de notre époque, que différents maîtres se disputent. Notre jeune histoire n'a été jusqu'à ce jour qu'à l'école trop laïcisée, à mon avis, d'un prêtre et d'un évêque : je demande la permission de la prendre à mon tour, pour lui faire un peu de catéchisme.

II

ÉTUDE PSYCHOLOGIQUE

Ce qui fait les grands hommes. — Dualisme : l'abbé et l'archevêque. — Un sentiment nouveau. — Langres et Paris. — Les pompes de la capitale. — Le clergé. — Saint-Sulpice. — L'archevêché. — L'empereur. — Un « ilustre défaut ». — Le caractère. — Le parti catholique sous l'empire.

Personne ne doute qu'il ne manque quelque chose à la vie de Mgr Darboy pour qu'il soit un grand évêque. Ne peut-on pas dire pourtant que Dieu l'avait comblé : doué comme il était du côté de l'intelligence, orateur à sa manière, écrivain distingué, penseur même et moraliste, comblé d'honneurs, placé jeune encore sur un des théâtres les plus avantageux où un homme puisse donner sa mesure, il a montré une fois de plus comment on peut s'élever sans grandir, et rester au-dessous de sa position par le caractère, même quand on la domine par l'intelligence.

C'est que la grandeur de l'homme vient de l'idéal qu'il a conçu, et de la générosité avec laquelle il s'efforce de l'atteindre. Ainsi dans notre siècle et dans nos rangs, Lacordaire, Montalembert, Louis Veuillot, pour ne nommer que les plus connus, resteront grands entre tous, parce qu'ils ont été fidèles jusqu'au sacrifice aux grandes causes dont l'amour s'était une fois allumé dans leurs cœurs. D'où vient-il que l'on ne songe pas à ranger Mgr Darboy avec tant d'autres à la suite de ces grands hommes. Je ne chercherais pas la réponse à cette question si je n'avais pas trouvé, chez Mgr Foulon, quelques indications précieuses au moyen desquelles il ne sera peut-être pas impossible d'analyser les dispositions intimes du prélat, et de pénétrer jusqu'à la mystérieuse retraite d'une âme qui ne s'ouvrait guère. Il y a là matière à une étude psychologique que je ne puis traiter d'une manière complète, mais que je voudrais au moins indiquer, parce qu'elle est indispensable pour expliquer l'énigme de cette vie.

Et d'abord, quel est le dualisme que tout le monde a remarqué, et qui paraît plus encore depuis quelque temps ? Il est évident qu'il y a là deux personnages tout différents, pour ne pas dire tout opposés : l'abbé Darboy et l'archevêque de Paris ne sont pas le même homme. Les Haut-Marnais ne craignaient pas de le faire remarquer déjà à l'époque du concile. A Langres, nous voyons un jeune prêtre que la confiance et l'estime de son évêque a chargé d'enseigner la théologie aux élèves du grand séminaire. Bailly régnait encore, mais son autorité commençait à décliner dans nos écoles ; et l'abbé Darboy ne fut ni des derniers ni des moins ardents à prendre part à la lutte contre l'Eglise gallicane. La thèse de l'infaillibilité pontificale flamboyait dans son cours. Il ne négligeait pas de suivre, autant que le lui permettaient son âge et sa situation, la lutte que les catholiques d'alors menaient contre l'Université pour la liberté d'enseignement. Un journal qui a toujours défendu les mêmes causes et qui n'a pas toujours eu avec lui Mgr Darboy était alors soutenu à Langres par le jeune abbé, qui lui amenait des adhérents et recueillait pour lui des souscriptions (1). C'était l'époque où ce jeune prêtre, sans calcul et sans arrière-pensée, se dévouait au culte de la vérité, au triomphe de l'Eglise, et écrivait cette page, que son historien reproduit avec complaisance, sur l'*Apathie des gens de bien.*

Qu'on juge de cette ardeur : « Qui sont ceux qui parlent,

---

(1) Voir les *Rectifications* de M. E. Veuillot.

écrivent, exécutent? Qui est-ce qui prie, s'indigne, menace et reproche? Qui ourdit les intrigues? Qui a une volonté de fer? J'en suis affligé, mais c'est vrai : les hommes du mal nous surpassent. La presse est à leurs gages ; ils envahissent la tribune ; ils circonviennent les dépositaires du pouvoir ; ils recourent à l'urne électorale ; ils sentent qu'ils ont des droits et s'associent pour les défendre. Mais parmi les gens de bien, s'il y en a trois qui unissent leurs pensées et leurs efforts, les autres disent : C'est une spéculation, et ils se retirent. Si quelque obstacle entrave leur marche, ils prennent pour la paix un repos ignoble, et leur lâcheté pour la prudence. Si le succès les trahit une fois, ils s'imaginent avoir fait suffisante preuve de dévouement, et que le ciel n'en demande pas davantage. Ils semblent porter cette devise sur leur front pétrifié : Plus les temps seront mauvais, plus nous serons timides. Hommes de peu de foi, qui donc leur apprend à désespérer et que le royaume de Dieu se trouve dans l'inertie! »

C'est fort bien : mais qui donc reconnaîtra-là l'accent de l'archevêque de Paris? Ne serait-on pas plutôt tenté de croire que son historien lui attribue par erreur une page qu'il aura copiée quelque part et oubliée dans un cahier de notes de théologie? On se demande aujourd'hui sous quelle influence et par suite de quelles transformations celui qui a écrit ces lignes a pu devenir l'archevêque de Paris et tourner le dos aux mâles convictions, aux nobles sentiments de sa jeunesse. L'expérience de la vie et la maturité de l'âge n'opèrent pas de tels changements : d'autant plus que l'abbé Darboy n'était plus un enfant, ni même un jeune homme, quand s'opéra en lui ce changement. En philosophie et en théologie il avait été maître, et nous croyons qu'il l'était véritablement, pensant par lui-même et ne se laissant pas facilement imposer des opinions étrangères. Car nous ne nous arrêtons même pas à la pensée qu'il ait dès lors cédé à la préoccupation de conformer ses idées à celle du maître.

Langres avait alors pour évêque Mgr Parisis, qui devait bien exercer quelque influence sur son clergé ; mais pourquoi ne pas reconnaître que l'abbé Darboy, du moins à cette époque, fût naïvement lui-même ?

Quoi qu'il en soit, on sait assez qu'il n'est pas demeuré tel qu'il était alors et nous ne faisons ici que chercher l'explication de ce changement. N'en avons-nous pas les premiers symptômes dans sa résolution de quitter le diocèse de Langres ? Sa traduction des *Œuvres de saint Denys* l'avait mis en relation avec Mgr Affre, qui, dans une visite à l'évêque de Langres, s'était fait présenter le jeune helléniste. C'était un grand honneur, et il est visible que le jeune abbé en ressentit une commotion profonde. Un sentiment qu'il ne se connaissait peut-être pas jusque-là s'éveilla en lui. Il eut dès lors ce que M. E. Veuillot appelle « le désir légitime d'arriver. » N'en déplaise au trop bienveillant critique, nous appelons cela, nous autres, de l'ambition tout uniment. C'est bien une des sirènes dont le prêtre se défie le moins, et pourtant Bossuet, s'adressant à des hommes du monde, à des courtisans, à des princes, ne craint pas de dire que « le devoir essentiel du chrétien est de réprimer son ambition. » Puis, comme s'il eût envié d'avoir un autre auditoire, de prêtres par exemple, il ajoute : « Ce n'est pas une entreprise médiocre de prêcher cette vérité à la cour. » — Dès lors l'abbé Darboy paraît inquiet : visiblement Langres lui pèse, Paris l'attire. Enfin il part, et le bruit des « mille conjectures dont ses amis se préoccupaient » le suit jusque dans la capitale. Un prêtre de plus de trente ans ne quitte pas son diocèse sans que ses confrères cherchent à connaître le motif de sa détermination. On n'y manqua pas. Il le sut et il répondit : « Je reconnais à tous les hommes le pouvoir de penser sur mon compte ce qu'ils croient plus judicieux et plus fondé de penser. Mais je me sens de force à aller à mes fins par-dessus tous leurs blâmes et leurs éloges... » On pense bien que ces « conjectures » dont il se plaignait si lièrement n'étaient pas toutes bienveillantes. Est-ce une légende, est-ce une histoire ? Ses compatriotes pourraient nous le dire : Quelqu'un lui dit alors : « Mais vous voulez donc être évêque ? — Eh bien ! répondit-il, ne suis-je pas du bois dont on les fait ? » — Le bois de ce mot est bien usé ; mais nous trouvons-là une de ces saillies par lesquelles l'abbé et l'archevêque devaient se trahir plus d'une fois.

Les « mille conjectures » que l'on fit pour expliquer son départ donnent à croire que tout le monde ne fut pas absolument rassuré sur son séjour à Paris et sur l'influence que ce milieu devait exercer sur un esprit comme celui-là. Paris l'avait fasciné de loin : il devait après le transformer et en faire un autre homme. Et certes ce n'était pas la première fois que l'on voyait un jeune prêtre venu du fond d'une province subir cette action de la capitale ; on devait en voir d'autres depuis cette époque ; et encore aujourd'hui on est tout étonné de retrouver, avec des idées toutes nouvelles, inquiétantes même, de tout jeunes prêtres, que nos évêques envoient prendre leurs grades à Paris. D'autre part les polémiques courantes nous révèlent chez quelques autres, chez des maîtres, un état d'esprit dont on ne peut guère être édifié. Il faut au moins leur accorder le bénéfice des circonstances atténuantes : ils se sont trouvés jetés, brusquement peut-être et sans préparation, au milieu d'un courant très fort qui pouvait les emporter. Il ont rencontré là tout ce qui pouvait y avoir de plus propre à étonner, à enthousiasmer leur naïveté provinciale : toutes les merveilles des arts et des sciences, toutes les splendeurs du progrès et de la civilisation, la presse avec les écrivains les plus renommés, les Académies avec leur vieille gloire qui s'accroît encore du prestige de leurs grands hommes : au-dessus de tout cela, les idées modernes, les principes de la société moderne, qu'on proclame avec d'autant plus d'assurance qu'on les connaît moins, avec d'autant plus d'enthousiasme qu'on croit y trouver la source de tant de bienfaits.

L'abbé Darboy eut-il, comme tant d'autres, l'illusion de croire qu'il ne manquait à toutes ces choses indistinctement que le baptême? Je ne saurais le dire : mais, s'il suivit le mouvement, il le fit à sa manière : par conscience, il ne s'y abandonna pas ; par calcul, il ne s'y refusa pas non plus. Ainsi allait-il « à ses fins. »

L'épreuve de ce milieu se compliquait pour lui de la présence et de l'action de deux centres d'influence qui d'ordinaire ne se font guère sentir aux autres : c'était, outre le clergé, l'archevêché et les Tuileries. — Puisque j'ai nommé le clergé de Paris, il est juste d'observer tout d'abord que les idées courantes du diocèse n'étaient pas celles que l'abbé Darboy apportait de sa province. Le gallicanisme vivait encore quoiqu'il fût visiblement sur le déclin. Non-seulement il ne s'affirmait plus avec la même témérité qu'au xve siècle ; il ne pouvait même plus guère garder la forme doctrinale que Bossuet lui avait donnée à regret ; il tendait à devenir un système de pondération, tout pratique, aboutissant à donner au pouvoir civil tout ce qu'on pouvait enlever à l'autorité du pape. Cette erreur paraît avoir vécu plus longtemps dans le clergé parisien qu'ailleurs : cela vient sans doute de l'influence du dehors, et pour ainsi parler, de l'air ambiant plus que de la formation cléricale. Saint-Sulpice n'a pas été dans ces derniers temps, comme on a cru pouvoir le dire, un foyer où l'erreur est venue se réchauffer. Mgr Pie n'a pas craint de se porter garant de la vénérable compagnie, dont il était l'élève : on peut le faire avec la même assurance pour les années qui ont précédé le concile. Je suis sûr que Mgr Foulon sera heureux de considérer quelques instants cette maison qu'il habitait vingt ans plus tôt, et à peu près à l'époque de la venue de M. Darboy à Paris.

Le voyageur qui arrive sur la place Saint-Sulpice arrête ses regards sur la peu gracieuse façade de l'église ; puis ayant donné un coup d'œil à la fontaine, où Bossuet n'est pas plus grand que Fléchier : « Quelle caserne, est-ce là ? » dira-t-il en montrant la maison que vous savez. C'est le séminaire ; c'est la maison à laquelle Mgr de Ségur disait volontiers qu'on ferait bien de mettre le feu, pour détruire ce nid d'erreurs, et envoyer ceux qui l'habitaient respirer ailleurs l'air pur et vivifiant des saines doctrines. Les renseignements du saint aveugle retardaient sur ce point ; et il est facile de s'en rendre compte en rappelant quel était alors le personnel enseignant du séminaire. Que je voudrais pouvoir ranimer pour un moment ces physionomies de prêtres si modestes, si dévoués, si sympathiques ! On reverrait le digne supérieur, M. Caval, l'homme le plus éloquent peut-être que j'aie entendu, si attaché aux doctrines romaines, homme au cœur d'or sous l'écorce un peu rude du montagnard ; M. Lehir, le savant que tout le monde connaît, mort au moment où Pie IX l'appelait à faire partie des commissions du concile ; M. Grandvaux, son ami, toujours mal vêtu, bon comme une mère, naïf et spirituel, qui admirait Louis Veuillot presque à l'égal de saint Thomas, prêt à dire de l'un comme de l'autre : « *Quot articulos tot miracula fecit* » ; M. Brugère, digne successeur de M. Boyer pour la distraction — après M. Grandvaux peut-être, — qui enseignait l'infaillibilité dans son traité de l'Eglise. — Les vivants ne me pardonneraient pas de les nommer ici : mais je puis bien dire que les professeurs d'Ecriture sainte nous offraient les meilleures garanties de la meilleure doctrine : M. Vigoureux était déjà là, se préparant à prendre la belle place qu'il occupe parmi les défenseurs de l'Eglise, au premier rang. Un enfant du Berry professait le dogme avec une véritable éloquence ; un Irlandais fort aimable et distingué disséquait la morale avec beaucoup de succès et non moins de hardiesse. Je croirais pour ma part que c'est à la chaire de celui-ci que Mgr de Ségur aurait tout d'abord porté sa torche incendiaire : car on ne s'y gênait pas pour exposer, sinon le gallicanisme proprement dit, au moins les thèses de ce qu'on appelait alors le libéralisme, une vieille erreur, qui, paraît-il, n'existe plus qu'à l'état de souvenir. Peut-être a-t-elle suivi notre excellent professeur dans le Nouveau-Monde, pour lequel ils étaient si bien faits l'un et l'autre. Si mon ancien maître lit un jour cette page, qu'il veuille bien croire à la sincère reconnaissance d'un élève qui a réussi, avec le temps, à se débarrasser de quelques-uns des points d'interrogation qu'il se plaisait à nous accrocher dans l'esprit, et à reconstruire quelques-unes de ces thèses qu'il nous laissait un peu trop démontées entre les mains. Mais en vérité cela ne faisait point de Saint-Sulpice un foyer d'erreurs. Pour moi, je ne sais ni une vérité importante qui n'ait été éclairée dans mon esprit, ni un sentiment généreux qui n'ait été affermi dans mon cœur par nos maîtres de Saint-Sulpice, et je suis heureux de pouvoir leur rendre ici témoignage, dussent-ils se plaindre de mon indiscrétion.

Si l'abbé Darboy s'était contenté de mettre ses idées à l'unisson de celles de la vénérable compagnie, il se serait dans la suite épargné bien des ennuis. Mais il n'était pas venu à Paris pour se livrer dans quelque coin à ce travail d'érudition au moyen duquel Mgr Affre avait cru qu'il pouvait rendre de sérieux services à l'Eglise. Il avait des vues bien différentes : il se croyait, non sans raison, fait pour être un homme de gouvernement, et comme on lui avait prédit qu'il serait quelque chose un jour, croyant à sa providentielle destinée, il tendit à ses « fins » de toutes ses forces. On le vit donc graviter autour de l'archevêché, puis autour des Tuileries. Toute sa vie est là.

Il ne dut pas tarder à s'apercevoir que les idées ultramontaines n'étaient pas en grand honneur dans ces hauts lieux. On n'avait peut-être jamais vu jusqu'alors l'archevêché de Paris occupé par un prélat qui ne fût plus ou moins engagé dans l'école gallicane. L'abbé Darboy comprit tout de suite qu'il devait tempérer son ardeur de jeunesse et que, s'il ne voulait pas dans son for intérieur renoncer à ses convictions théologiques, peut-être bonnes à montrer plus tard, il convenait au moins de jeter le voile de l'opportunité ou de l'inopportunité, comme l'on voudra, sur les thèses qu'il soutenait jadis à Langres. Ainsi, grâce à une simple rectification d'attitude, il devint l'homme de l'archevêché, et chaque changement de titulaire, au lieu d'ébranler sa situation, ne servit qu'à le faire entrer plus avant dans la maison et dans le cœur de chaque prélat. Certes il était doué d'une véritable aptitude pour les affaires, et, s'il rendit des services personnels, qui ont dû être pris en considération, il en rendit aussi de réels qui suffiraient sans doute à expliquer son élévation. Mais on souffrira toujours d'avoir à constater au milieu de tout cela le sacrifice, sinon de la conscience, au moins des convictions à la fortune, et on regrettera de ne pouvoir dire avec Mgr Foulon que « la parole du poète était vraie pour lui : *aliusque et idem.* »

Plus puissant que l'archevêché, l'astre des Tuileries devait, hélas ! le faire dévier plus sensiblement. L'ouvrage de M. Guillermin, offert à Mgr Fava, nous a valu ces paroles du vaillant évêque : « Il y a des hommes puissants qui fascinent et imposent aux autres leurs idées. Il faut les vaincre ou s'éloigner d'eux. Mgr Darboy a trouvé sur sa route un de ces hommes : Napoléon III. Il ne put ni ne voulut s'éloigner de lui. Aussi, ne pouvant le dominer, il subit son influence et au Sénat et au Concile du Vatican. » Nous n'aurions sans doute pas cette appréciation si l'*histoire* de Mgr de Lyon avait paru plus tôt. L'évêque de Grenoble eût hésité avant de se mettre en contradiction avec son éminent métropolitain, qui donne Mgr Darboy comme « un conseiller aussi éminent que sûr (1) », et qui croit ajouter à la valeur de son propre jugement en citant le témoignage de Napoléon lui-même : « J'accepte tout de lui parce que cela

(1) Mgr Foulon p. 355.

vient d'un homme qui ne m'a jamais flatté. » La valeur de ce témoignage n'échappera à personne, et il n'y a sans doute que l'archevêque lui-même qui puisse mieux nous renseigner sur les sentiments qu'il avait pour l'empereur. Il lui écrivait (1) : « Je suis attaché à Votre Majesté par « la fidélité du plus loyal et du plus entier dévouement et, « j'allais dire, si Elle ne me trouvait pas trop osé, avec un « cœur où il y a pour Elle quelque chose de plus que le « respect. » Oh ! je ne trouve pas qu'il y ait là de quoi accuser l'archevêque d'avoir été, dans la vulgaire et basse acception du mot, un de ces courtisans qu'on voit toujours empressés et rampants auprès de la personne des souverains, et je n'aurais pas songé, à la place de Mgr Foulon, à le disculper en invoquant le témoignage « d'un des officiers supérieurs du Palais. » Mais nous verrons comment ces sentiments se sont manifestés « et au Sénat et au Concile du Vatican. »

En dehors même de ces heures solennelles, dans le cours ordinaire des complications d'une politique tortueuse, si inquiétante pour les catholiques, quand « il voyait les hommes d'Etat s'égarer dans leurs combinaisons (2) », Mgr Darboy a-t-il toujours été le « conseiller aussi indépendant que sûr » et l'évêque fidèle à défendre vaillamment les droits de l'Eglise ?

Son historien ne voit pas qu'il ait jamais eu « une façon nulle et indécise d'agir », et, tout en reconnaissant « que sa perspicacité politique ait paru diminuée en certaines circonstances », il ne veut voir dans tout cela qu'une confiance « exagérée », trop d'indulgence, de cette indulgence « que Bossuet appelle quelque part *un illustre défaut* (3) ». J'avoue

---

(1) Mgr Foulon p. 355.
(2) Id. p. 357.
(3) Id. p. 358.

que je ne suis pas peu surpris de trouver cette réminiscence classique en cet endroit, et de l'application qu'on en fait : elle est du reste d'autant plus habile qu'elle est — Mgr Foulon ne l'ignore pas — tout à fait contraire au sens de Bossuet. Dans son oraison funèbre, il dit de Charles Ier : « Que peut-on lui reprocher, sinon sa clémence ?... Que ce soit donc là, si l'on veut, l'*illustre défaut* de Charles aussi bien que de César... » Il n'aurait sans doute point parlé de la clémence ou de l'indulgence d'un sujet envers son souverain, dans la crainte de ne pas parler français, parce que l'indulgence ou la clémence descend, et que quand elle monte elle prend un autre nom. Mgr Foulon ne l'ignorait certainement pas ; mais il n'a pas résisté à la tentation d'user de ce petit stratagème de style pour tourner à l'avantage de son héros ce qu'on lui reproche généralement.

N'est-ce pas l'occasion de parler du caractère chez Mgr Darboy ? Personne plus que lui peut-être n'aimait à en parler : il posait en homme de caractère, et il faut reconnaître qu'il en avait bien quelques parties et toutes les apparences. Je lui appliquerais volontiers quelque chose de ce qu'il a dit du Moïse de Michel-Ange. Il était sans doute bien loin d'avoir les proportions de ce marbre colossal, mais « cet œil creusé et comme recueilli au fond d'une orbite osseuse, dans une attitude méditative, ces plis irréguliers qui, sans troubler la sérénité du front, s'abaissent vers les sourcis et leur donnent plus de saillie, comme si la pensée s'y rendait pour élargir le piédestal où elle est assise, et la volonté pour accuser sa puissance qu'elle semble condenser dans un suprême effort !... (1) » Cette physionomie frappée de mélancolie et de tristesse, ce regard sans éclat, mais fixe, profond, énergique, ce geste rare, cette main qui s'élève, s'ouvre et se ferme comme pour vous étreindre ou

---

(1) Mgr Foulon, p. 97.

pour broyer un argument, tout en lui dénonçait l'homme de caractère, et je répète qu'il avait plusieurs parties de cette belle faculté qui honore tant un homme, parce qu'elle vient du cœur et qu'elle réside dans la volonté. Oui, il savait vouloir, et par un travail assidu il atteignait le but visé : toute sa vie le prouve. Il avait du caractère encore dans l'exercice de ses fonctions pour imposer avec énergie, avec trop d'énergie peut-être, sa volonté à ses inférieurs. Il était de ces évêques qui ne mettent pas toujours assez de douceur chrétienne dans le commandement. C'est alors qu'on entendit le cardinal de Bonnechose dire à la tribune du Sénat, si je ne me trompe : « Mon clergé est comme un régiment, il faut qu'il marche et il marche ». Je n'étais guère alors qu'un enfant de troupe dans un de ces régiments, mais la perspective de me voir un jour traité par mon évêque comme un fusilier par son colonel ne me souriait guère. L'évêque d'Orléans n'était pas non plus si tendre, dit-on, pour ses prêtres. Quant à Mgr Darboy, il disait volontiers : « Je ne laisserai pas péricliter l'autorité qui m'a été remise ». Mgr Foulon dit fort bien : « Personne n'était moins disposé à transiger que lui, si bien qu'en certaines circonstances il parut à plusieurs qu'il avait donné à de médiocres adversaires plus d'importance qu'ils n'en méritaient, en prenant de trop haut le débat avec eux (1) ». Il gouvernait avec une vigueur, sinon avec une rigueur, qui ne devait pas lui donner la réputation d'un évêque *indulgent*.

Il avait donc les parties inférieures quoique appréciables de l'homme de caractère ; nous ne lui reconnaîtrons pas cependant cette qualité, car il ne suffit pas pour la mériter de savoir s'imposer même une noble tâche et de se tenir au-dessus de ses inférieurs, d'être plus grand que les petits, plus fort que les faibles : l'homme de caractère gran-

(1) P. 368.

dira et s'affirmera surtout dans ses rapports avec les grands, avec les puissants. Homme, il gardera sa dignité ; chrétien, il conservera sa foi ; évêque, il ne craindra pas de se compromettre pour l'Eglise : on le verra prêt à parler comme un saint Ambroise ou un saint Thomas, et il le fera quand il le faudra faire, « il ne prendra pas sa lâcheté pour la prudence », comme disait autrefois le jeune abbé Darboy. Voilà le côté vraiment supérieur du caractère. Voilà ce qui pouvait faire de Mgr Darboy, dans le poste qu'il a occupé, dans le temps où il a vécu, un grand homme, et, ce qui vaut mieux, un grand évêque..., et voilà ce qui lui a manqué.

Mais si cette défaillance de caractère était le résultat d'un calcul, cela lui a parfaitement réussi. Il a trouvé ainsi le moyen de conserver toujours les meilleures relations avec le gouvernement impérial, qui n'a pas médiocrement inquiété les catholiques. On sait que dès le commencement Napoléon III fut comme une pierre d'achoppement pour le parti catholique. Une situation qui ne manquait pas d'analogie avec celle d'aujourd'hui, en inspirant le dégoût du présent et la crainte de l'avenir, avait amené la France à se jeter dans les bras du Président et à lui confier ses destinées. L'heureuse attitude du Prince, son langage chrétien, lui concilièrent l'épiscopat presque tout entier, et le grand organe catholique, l'*Univers*, se rallia au nouveau gouvernement, avec l'intention hautement proclamée de l'encourager au bien, en louant ses bonnes actions, afin de le rendre plus favorable à l'Eglise, sans lui demander de faveurs pour lui-même.

Ceux que l'on a appelés depuis les catholiques libéraux prirent une attitude toute contraire, et l'on vit Montalembert, qui avait un instant approuvé le coup d'Etat, former avec M. de Falloux, M. de Broglie, un parti d'opposition, moins catholique que politique, qui cherchait plutôt la résurrection du parlementarisme que le triomphe de l'Eglise, qu'il croyait du reste solidaires. Lacordaire se renfermait dans sa retraite boudeuse de Sorèze et privait l'Eglise de son éloquence incomparable.

Sans parler des légitimistes qui se tinrent sur le pied d'une réserve plus que défiante, il y eut ces deux courants parmi les catholiques de France, et il est à propos d'observer que chacun suivit sa marche logique : les amis du commencement, trompés dans leurs espérances, se tournèrent vite contre l'empire, et l'*Univers* trouva la mort dans la lutte... Quant aux opposants des premiers jours, nous les reverrons, après des luttes glorieuses, ralliés à l'empire devenu libéral mais non catholique, dont ils chercheront à exploiter la puissance contre le concile du Vatican.

Cependant Mgr Darboy n'avait pas bougé. Il était seulement devenu archevêque de Paris, et il aura eu ce rare bonheur de ne pas encourir les reproches sanglants que les libéraux de 1852 prodiguèrent à leurs adversaires, à tel point que, quand parut l'*Histoire* de Mgr Foulon, le *Correspondant* ne formula pas une seule réserve, je ne dis pas seulement sur le livre mais même sur la vie. Il est vrai qu'à l'époque de l'empire autoritaire l'abbé Darboy donnait au même *Correspondant* des articles philosophiques sans lui livrer sa politique et qu'en 1870 il mettait à son service une politique plus puissante que les plus puissants articles. Heureux s'il avait pu s'assurer les faveurs gouvernementales sans éveiller la défiance des catholiques et sans s'attirer les trop justes sévérités du souverain Pontife !

III

LA LETTRE

DU 26 OCTOBRE 1865

Mgr Darboy archevêque. — Oppositions. — Affaires de l'abbé Roy, des Réguliers, de Mgr de Ségur. — Obsèques du maréchal Magnan. — Discours au Sénat. — Le pape intervient. — Lettre du 26 octobre. — Son importance.

Quand il fut nommé à l'archevêché de Paris, il écrivit au ministre qu'il acceptait « l'honneur et surtout le fardeau (1) ». C'est d'ailleurs que devait venir l'opposition. « Les contradictions allèrent jusqu'à Rome, et l'accueil qu'elles y reçurent ne fut pas encourageant (2) ». Le nouvel archevêque disait : « J'espère atténuer ces oppositions, sinon les vaincre, par le calme, par la décision, la mansuétude, la vigueur et par-dessus tout la loyauté ». Ayant appris qu'il était préconisé, il écrivit au pape pour exprimer « sa profonde et tendre gratitude ». « Rien ne me sera plus à cœur », disait-il, « que de saisir toutes les occasions pour donner à Votre Sainteté les témoignages effectifs de ces religieux sentiments ».

Comment peut-on attacher quelque importance à l'expression de ces sentiments quand on voit l'archevêque les démentir si vite dans sa conduite ? On se demande, au con-

---

(1) Mgr Foulon. p. 254.
(2) Id., p. 258.

traire, s'il a manqué une occasion de donner la preuve de dispositions tout opposées.

« La suspension de l'abbé Roy, curé de Neuilly, dit M. E. Ollivier, prononcée par le cardinal Morlot (16 avril 1862) avait été annulée à Rome (29 août 1864) ; Mgr Darboy ne tint aucun compte de l'acte pontifical, et poursuivit devant l'autorité civile la dépossession du curé en vertu de la décision de Mgr Morlot, absolument comme si le Saint-Siège ne l'avait pas brisée ». (*L'Eglise et l'Etat au concile du Vatican*, I, 418). Ce fait que nous ne retrouvons pas chez nos historiens nous paraît tristement significatif.

On trouve les mêmes dispositions dans la visite d'archidiacre qu'il impose à plusieurs maisons religieuses *exemptes* de la juridiction de l'ordinaire, et contre laquelle il y eut au moins une protestation. Il est vrai qu'il reçut les excuses du P. Fessard, mais il est vrai aussi qu'il reçut la condamnation du pape. Ces deux faits tirent leur gravité de ce qu'ils impliquent la négation du droit d'appel et de la juridiction du pape. Telle était bien, du reste, la prétention avouée de l'archevêque.

Que pouvait-il faire de plus pour donner raison aux adversaires qui s'étaient opposés à sa nomination ? L'émotion grandit encore quand on le vit frapper si rigoureusement un prélat que tout le monde vénérait comme un saint, Mgr de Ségur, coupable d'avoir parlé trop librement, disait-on, de l'archevêque dans un entretien avec le pape.

Il ne voyait pas qu'en agissant ainsi il se désignait surtout lui-même à l'attention et à la malignité de l'opinion publique. Après l'avoir vu si dur pour les petits, on crut qu'il était capable de se montrer *indulgent* envers les autres. Bientôt après on pouvait dire jusqu'à Rome qu'il n'avait pas craint de donner l'absoute aux obsèques du maréchal Magnan sans exiger qu'on enlevât du catafalque les insignes de la franc-maçonnerie. De toutes les accusations qui pèsent sur lui c'est peut-être la seule à laquelle il ait jugé à propos de répondre, quoique ce ne soit pas la plus grave.

Les actes qu'on lui reprochait alors n'étaient que l'expression pratique d'idées qui devaient, un jour ou l'autre, trouver leur formule théorique. Il la donna dans son premier discours au Sénat, à l'occasion de la discussion de l'Adresse, le 12 mars 1865. C'était son début : « il fut, dit-on, particulièrement remarqué, et fit même beaucoup de bruit ». Ce qui veut dire sans doute qu'il fit beaucoup de scandale, et l'on n'aura pas de peine à le comprendre quand on saura que l'archevêque osa, dans ce discours, nier la juridiction *ordinaire* et *immédiate* du pape sur les diocèses, et qu'en parlant des Articles organiques, il osa à peine formuler quelques timides réserves, à tel point qu'on l'accuse d'avoir dit que, s'ils n'existaient pas, il faudrait les inventer. Ah ! la conduite de saint Thomas de Cantorbéry était bien différente quand il s'exposait à la prison, à l'exil, à la mort, en qualifiant comme il le faisait les Articles de Clarendon ! Mgr Darboy connaissait cette histoire ; il l'avait très bien écrite, c'était le cas de la recommencer, eût-il dû aller aussi loin que lui, ce qui n'était guère à craindre. Il faut ajouter pour être juste que, dans ce même discours, il fit un éloge discret des religieux, reconnaissant leurs vertus et leur utilité, affirmant qu'ils ne sont pas « un péril pour le pays ». Qu'on se donne la satisfaction de dire que « c'était un succès d'avoir fait écouter avec attention, dans une assemblée française, une apologie des ordres religieux ». Ce succès, d'autres orateurs catholiques l'avaient remporté avant lui, même dans une assemblée française.

Quoi qu'il en soit, on n'a plus le droit de s'étonner après de semblables manifestations que le pape ait jugé à propos de rappeler l'archevêque au respect des convenances, de l'autorité et de la vérité. Il le fit dans cette lettre du 26 octobre 1865, où la vérité paraît dans toute sa force, où la vigueur apostolique s'unit admirablement au ton paternel du pape s'adressant à un évêque.

Je regrette pour ma part que Mgr Foulon n'ait pu trouver de place pour ce grave document dans son gros volume. Ses lecteurs, j'en suis sûr, sacrifieraient volontiers les autres pièces justificatives pour celle-là, et je ne serais pas obligé d'en donner ici de si larges extraits...

Le pape rappelle d'abord qu'ayant donné à l'archevêque l'assurance de sa bienveillance paternelle il avait cru pouvoir espérer qu'il répondrait à son affection et seconderait ses désirs, en montrant sa soumission et son attachement à sa personne et au siège de Pierre; d'autant plus que, quand il fut désigné pour l'archevêché de Paris, il avait hautement professé le même attachement respectueux. « Dans cet espoir, continue-t-il, nous n'avions pas même fait allusion à votre réponse du mois de septembre de l'année dernière.., laquelle fut pour Nous une cause de grand étonnement et de tristesse, en Nous faisant comprendre, contrairement à tout ce que nous pouvions prévoir, que vous professiez ces opinions qui sont tout à fait opposées à la divine primauté du Pontife romain sur l'Eglise universelle : « *Quæ tuæ litteræ non leviter nobis admirationi et tristitiæ fuerunt, cum ex illis, præter omnem expectationem nostram, intellexerimus Te eas habere opiniones quæ divino Romani Pontificis in universam Ecclesiam Primatui omnino adversantur.* »

« En effet, vous n'hésitez pas à affirmer que le pouvoir du Pontife romain sur les diocèses épiscopaux n'est ni ordinaire ni immédiat », que ce pouvoir ne doit s'exercer que dans le cas de nécessité, où l'on ne saurait autrement pourvoir au salut des âmes et remédier à la négligence des pasteurs; qu'en dehors de ce cas le Souverain-Pontife en intervenant traite les diocèses comme des pays de missions, où a hiérarchie n'est pas constituée. D'où il suit que l'appel au Siège apostolique est un abus : « *affirmasti abusum esse appellationes ad hanc apostolicam sedem*, abus qui rend impossible l'administration des diocèses. »

Pour défendre une pareille doctrine, « vous déclarez que

vous avez l'intention de vous opposer de toutes vos forces à l'intervention directe du Pontife romain, hors le cas de nécessité, intervention qui est imposée par la manière de faire des Réguliers, de la Nonciature et des Congrégations romaines. Vous ajoutez que vous voulez engager vos vénérables frères les évêques de France à agir de concert avec vous, et en appeler même au peuple au moyen d'une instruction spéciale : « *Ac prætcrea ais Te velle tum alios venerabiles fratres Galliæ sacrorum antistites excitare ut una Tecum conspirent, tum ad vulgus appellare aptâ adhibitâ instructione.* »

La lettre rappelle ensuite ce que l'archevêque avait dit de certaines dispositions, toutes contraires à l'autorité du Souverain-Pontife, consistant à retenir les Lettres apostoliques et à les soumettre au jugement de l'autorité civile, et à en appeler à la puissance laïque. De même pour le jugement qu'il avait formulé sur les Articles organiques : « En vérité, vénérable frère, Nous n'aurions jamais pu vous croire animé de ces sentiments si nous n'en avions, avec une très vive douleur, trouvé l'expression dans votre lettre du mois de septembre déjà mentionnée et à Nous adressée, ainsi que dans le discours précité. Il nous est impossible de ne pas ressentir une grande douleur et une véritable angoisse de ce que, contrairement à ce que Nous pensions, vous paraissiez favoriser par cette manière de voir et d'agir les doctrines erronées de Fébronius, que le Saint-Siège a, vous ne l'ignorez pas, réprouvées et condamnées, et que les écrivains catholiques ont aussi réprouvées et mises en déroute dans de très doctes ouvrages : « *Equidem, venerabilis frater, nunquam credere potuissemus Te hisce sensibus esse animatum nisi illos ex prædictis Tuis litteris mense septembri ad nos datis et ex memorato tuo sermone cum summo animi nostri dolore agnovissemus. Non possumus enim non vehementer dolere et angi cum, præter omnem cogitationem nostram, hâc tui sentiendi agendique ratione videaris favere et erroneis Febronii doctrinis, quas, uti noscis, hæc sancta sedes re-*

probavit, damnavit, et catholici scriptores doctissimis operibus reprobârunt et profligârunt. »

« Vous pouvez comprendre facilement par vous-même, vénérable frère, de quel étonnement Nous sommes saisi, en pensant que c'est vous qui émettez des jugements qui répugnent à la doctrine catholique et dont en votre qualité d'évêque de l'Eglise catholique, vous devez avoir la plus grande horreur : *Ac per Te ipse intelligere potes quantâ afficiamur admiratione, dum animo reputamus eas à Te proferri sententias quæ catholicæ doctrinæ repugnant et à quibus idcirco, uti ecclesiæ catholicæ antistes, vel maxime abhorrere debes.* »

Après cet exposé des erreurs et des prétentions de l'archevêque, la lettre pontificale rétablit point par point la doctrine catholique : « En disant que le pouvoir du Pontife romain n'est pas ordinaire mais extraordinaire vous énoncez une proposition tout à fait contraire à la définition du IVe concile de Latran..., à l'usage constant et à la doctrine qui a été reçue et enseignée avec tant de vénération par l'Eglise catholique tout entière et par tous ses évêques. »

C'est encore d'après les idées de Fébronius, *ex febronianis placitis*, que vous dites qu'en intervenant dans le gouvernement des diocèses le Souverain-Pontife en fait des pays de missions. « Cela est aussi faux qu'il est faux de dire que les préfets, les juges et autres magistrats ne sont plus des magistrats ordinaires, parce que le roi ou l'empereur jouit d'un pouvoir direct ou immédiat et ordinaire sur chacun de ses sujets. »

Quant au droit d'en appeler au Saint-Siège, il est tel que, d'après Benoît XIV, il ne peut être l'objet d'une controverse : « *Ut nemo possit illud in controversiam adducere* ; » et que d'après saint Gélase pape les saints canons veulent qu'on puisse de toutes les parties du monde en appeler au Saint-Siège, duquel personne ne peut plus en appeler à un autre. Que s'il devait résulter de là une impossibilité pour l'administration, elle serait toute pour le Pontife romain, qui se trouve ainsi chargé de la très lourde sollicitude de toutes les Eglises et non pour un évêque, dont le diocèse, après tout, n'est qu'une faible partie de l'Eglise catholique.

Il est d'autant plus étonnant de voir un évêque se plaindre de ce droit d'appel qu'il doit y trouver au contraire beaucoup de soulagement, de consolation et de force devant Dieu, devant l'Eglise et devant les ennemis de l'Eglise.

Vous dites que vous voulez résister, exciter les autres évêques et en appeler au peuple : « Mais vous voyez bien qu'en employant ces moyens séditieux, que Fébronius a proposés contre le Siège apostolique, vous offenseriez gravement le divin Auteur de la constitution de l'Eglise Lui-même et que vous feriez injure à vos collègues et au peuple catholique de France. »

L'archevêque s'était plaint de ce que dans l'affaire des Réguliers le jugement avait été rendu sans qu'il eût été entendu lui-même comme partie : *parte inauditâ* ; ajoutant que dans un débat entre un supérieur et un inférieur la présomption de droit était en faveur du premier. Le pape répond que ce qu'il a fait est conforme aux décrétales et que, de tout temps, les Pontifes romains, apprenant qu'un évêque avait agi d'une manière en apparence peu conforme au droit, lui en avaient exprimé par écrit leur chagrin. « Du reste les évêques n'ont jamais reçu ces sortes de lettres des Pontifes romains comme des sentences rendues *inauditâ parte* ; mais ils ont accueilli ces mêmes lettres dans le sens qu'elles avaient été écrites, c'est-à-dire comme des invitations à justifier ce qu'ils avaient fait, ou à reconnaître leur tort et à le réparer. Une autre manière d'agir rendrait par trop difficile au vicaire de Jésus-Christ le gouvernement de toute l'Eglise et ne serait pas suffisamment conforme à la mansuétude épiscopale.

Le pape s'attache ensuite à dissiper plusieurs « équivoques » concernant l'affaire des Réguliers. Il s'agit de la visite épiscopale faite aux religieux exempts. Depuis longtemps ces religieux jouissaient de cette exemption : « Par conséquent le Siège apostolique avait sur eux une juridiction *spéciale* ou *privative.* » Ils ont été dépouillés par le fait de l'archevêque, contrairement au droit, qui veut que personne ne puisse être troublé dans sa possession. C'est pourquoi il aurait dû tout d'abord exposer ses raisons au Saint-Siège et attendre la réponse. Le Saint-Siège a donc agi très justement, d'autant plus que la présomption devait être plutôt en faveur du faible que du fort, selon ce que saint Bernard disait à Innocent II : « C'est votre gloire d'arracher le pauvre des mains des forts. »

Il faut croire que le Souverain-Pontife attribuait une gravité particulière aux idées de l'archevêque sur cette question des Réguliers, car il s'attache à les réfuter longuement et dans le détail. Mgr Darboy prétendait que ces familles religieuses établies à Paris ne pouvaient jouir du droit d'exemption, parce qu'elles n'étaient pas canoniquement érigées, et cela pour trois raisons : 1° parce que les lois de l'Etat ne leur accordent pas d'existence légale ; 2° parce que, ces mêmes lois ne leur permettant pas de posséder, il en résulte qu'elles ne peuvent pas prouver, avant leur fondation, et conformément aux constitutions apostoliques, qu'elles ont de quoi s'entretenir convenablement ; 3° enfin, parce que le Concile de Trente et les constitutions exigent le consentement exprès et par écrit de l'évêque pour l'existence canonique des Réguliers dans les diocèses. « Nous ne doutons pas, vénérable frère, que vous ne reconnaissiez par vous-même que ces arguments ne valent rien : *nullam plane vim habere*, si vous considérez sérieusement ce que nous allons dire », et il les réfute successivement.

L'assistance de l'archevêque aux obsèques du maréchal Magnan avait été vivement critiquée, et le pape lui en avait écrit ses observations. Il s'était excusé en niant que les insignes maçonniques fussent placés sur le catafalque, affirmant qu'en tout cas ni lui ni ses prêtres ne les avaient vus. Voici comment le pape se prononce après ces explications :

« Nous ne pouvons dissimuler, vénérable frère, l'étonnement et la très grande peine que nous avons éprouvés en apprenant que vous avez assisté aux obsèques du grand-maître de l'une et l'autre milice, Magnan, et que vous avez donné l'absoute solennelle pendant que les insignes maçonniques étaient placés autour du catafalque et que les membres de cette secte condamnée assistaient avec les mêmes insignes à ces funérailles. Vous Nous dites, dans votre lettre du premier août dernier, que ces insignes n'ont été vus ni de vous ni de vos prêtres et que vous n'en avez rien su. Mais vous saviez très bien que ce défunt, pendant qu'il vivait, avait malheureusement rempli les fonctions de Grand-Orient, comme ils disent, de cette secte proscrite, et il était facile de prévoir que les associés assisteraient aux funérailles, et qu'ils auraient soin d'y étaler leurs insignes. Vous deviez donc en conscience examiner avec soin toutes choses et prendre vos précautions de telle sorte que votre présence n'excitât point cette grande surprise, cette peine (?) qui ont affecté à bon droit tous les catholiques : *Cavendum erat ne Tuâ præsentiâ excitarentur gravissima illa admiratio et offensio quâ omnes viri catholici merito affecti fuerunt.* »

Le pape déclare encore ne pouvoir passer sous silence l'opinion erronée et pernicieuse qui veut que les actes du Siège apostolique n'aient aucune valeur sans l'autorisation du pouvoir civil, et il reproche à l'archevêque d'avoir affirmé à tort, *perperàm*, que Benoit XIV avait concédé au roi de Sardaigne le droit d'exécution des actes pontificaux.

Nous touchons à la fin de cette lettre : le lecteur nous saura peut-être gré de ne pas omettre cette conclusion, ces dernières paroles toutes pénétrées de l'onction évangélique :

« Soyez bien persuadé que Nous vous avons dit toutes ces choses pour nous acquitter du devoir de notre ministère apostolique et vous témoigner notre affection pontificale. Nous avons pleine confiance que votre religion vous fera accueillir favorablement ces avertissements très affectueux, ces enseignements, pour les suivre avec grand soin et y adhérer fermement ; que vous défendrez avec énergie la vraie doctrine et les droits de l'Eglise catholique ; que vous inculquerez à tous l'obéissance et le religieux respect qui est dû au Siège apostolique et au vicaire de Jésus-Christ sur la terre ; et que dans ces temps si malheureux surtout vous remplirez mieux de jour en jour tous les devoirs du bon Pasteur. Soyez assuré aussi que Nous vous apprécions, que Nous vous honorons et aimons beaucoup. Et pour preuve de notre bienveillance particulière... etc. »

Telle est cette lettre pontificale qui devait rester enfouie dans les cartons des chancelleries : en paraissant au grand jour de la publicité elle est devenue un des principaux éléments pour l'appréciation de la vie et des idées de Mgr Darboy. Ceux qui ne la connaissent pas ne peuvent s'en faire une idée juste, et c'est pourquoi je ne regrette pas de lui avoir fait une si grande place. Peut-être qu'après avoir entendu cette parole autorisée entre toutes on ne sera plus tenté de trouver injustes ceux qui ne traitent pas ce personnage avec autant de bienveillance que ses historiens.

Mais, comme l'archevêque a prétendu plus tard que le pape lui imputait des paroles qu'il n'avait pas dites, j'aurais voulu donner aussi celles de ses lettres auxquelles le souverain Pontife répondait et le discours trop fameux du 12 mars. Malheureusement on ne nous fait pas connaître les lettres et je n'ai pas le discours à ma disposition. Néanmoins on a vu avec quelles précautions le pape procède dans sa lettre : il suffit de l'avoir lue pour être convaincu de la vérité de ses allégations, aussi bien que de l'admirable vigueur de son argumentation.

Pour nous rendre compte de la manière dont la lettre fut accueillie et de l'effet qu'elle produisit nous ne voulons d'autre guide que Mgr Foulon, et c'est d'après lui que nous chercherons à caractériser l'attitude de l'archevêque.

IV

LE PAPE ET L'ARCHEVÊQUE

Une attitude honorable. — Réponse de l'Archevêque. — Visite *ad limina*. — Explications. — Le Pape « froid et réservé ». — Dernier mot. — Bontés du Pape. — Contradiction. — Evêque et diplomate. — Le « silence respectueux. » — Erreurs de la *lettre*. — Respect au Pape. — Une « *honnêteté indignée*. »

La publication de la lettre pontificale fut un scandale public en ce sens qu'elle était le résultat de la violation d'un secret et qu'elle faisait connaître à tous les reproches du pape à un personnage aussi éminent que l'archevêque de Paris. Mais pourquoi le coup fut-il si terrible que l'archevêque ne s'en releva jamais? Maintes fois on a vu dans l'Eglise des condamnations plus redoutables atteindre certains personnages non moins illustres, qui n'ont trouvé dans cette épreuve que la consécration définitive de leur gloire. Ah! que Mgr Darboy avait un excellent moyen de déjouer tous les calculs de ses adversaires ! Comme il avait reçu depuis trois ans déjà cette lettre, il lui était facile de produire au grand jour ou bien la justification de sa conduite ratifiée par Pie IX ou bien sa soumission absolue, sans réserve, aux enseignements pontificaux, quelque chose de semblable à ce qui avait tant contribué à la gloire de Fénélon. Combien cette conduite n'eût-elle pas été plus digne et même plus avantageuse que ces protestations contre une violation de correspondance privée, ces réclamations diplomatiques, ces récriminations acerbes contre des ennemis invisibles. Le simple bon sens commandait cette attitude, et Mgr Darboy était trop avisé pour ne pas le comprendre. Mais il avait été pris au dépourvu, parce que sans doute il n'avait pu prévoir une complication de ce genre. Ses relations avec Rome n'étaient plus sans doute ce qu'elles avaient été en 1865, mais elles n'étaient pas non plus telles qu'on pouvait le souhaiter, puisque le pape lui demandait, pour le nommer cardinal, une garantie rendue nécessaire moins encore par la divulgation de la lettre en 1868 que par les fautes et les erreurs non encore avouées pour lesquelles elle avait été écrite trois ans plus tôt.

Car on ne peut pas dire, en vérité, que le pape ait reçu la satisfaction à laquelle il avait le droit de s'attendre. Nos historiens ne le disent pas ; ils font même assez nettement entendre le contraire, mais c'est pourtant ce que leur récit confirme comme malgré eux.

Dans sa première réponse l'archevêque déclare qu'il n'a jamais eu l'intention d'offenser le pape et de lui déplaire. « Permettez-moi », ajoute-t-il, « de vous dire simplement et sincèrement que je suis plein de respect et de dévoûment envers votre personne, et que je n'ai pas d'autres doctrines que celles de l'Eglise ma mère (1) ». Du reste, il s'abstiendra de discuter « aucune accusation, aucun reproche ». Il faut croire pourtant qu'il les discuta un peu plus tard, puisque nous lisons un peu plus loin. « Le pape avait accueilli avec bonté les explications données par l'archevêque de Paris sur les différents points signalés dans la lettre du 26 octobre 1865 (2) ». On aimerait à savoir quelles furent ces explications et sur quoi elles portaient, car nous ne voyons guère que des protestations vagues, je veux dire générales, de respect et de dévoûment pour le Siège apostolique et pour

(1) Mgr Foulon, p. 384.
(2) P. 385.

son chef. Déjà nous avons recueilli ces mêmes protestations lors de sa nomination, et elles ne l'ont pas empêché de faire et de dire ce que le pape lui reproche. On n'est pas moins étonné de l'entendre dire : « Si j'ai manqué en quelque chose, veuillez m'en avertir (1) », et tout en admirant comme il convient cette belle parole : « Je donnerais ma tête et je passerais le premier », on voudrait qu'il fit profession d'adhérer purement et simplement aux vérités que le Souverain-Pontife lui rappelle avec tant de force.

Voilà ce qui manque à cette histoire, et tant qu'on n'aura pas pu y insérer quelque chose de semblable, autrement que par des affirmations bienveillantes, il manquera aussi quelque chose à l'honneur de Mgr Darboy.

Le pape avait sans doute accueilli avec bonté les explications qu'on lui avait données par écrit, mais évidemment il ne les trouvait pas satisfaisantes, puisqu'il lui faisait dire avec instance qu'il désirait le voir. « On ne s'entend qu'en se parlant, en se communiquant bouche à bouche (2) », disait-il ; et de son côté, l'archevêque en vérité ne se pressait guère de répondre à ces désirs. Pourtant on ne l'avait pas vu à Rome depuis qu'il était évêque, et il avait maintenant un motif de plus pour ne pas retarder sa visite *ad limina*. Il la fit attendre jusqu'en 1867. Aussi dans l'audience qui lui fut accordée dut-il commencer par « l'exposé des motifs qui avaient retardé son voyage. » Parmi plusieurs raisons d'une extrême gravité, le prélat en signala une qui n'était pas sans importance : « Mon voyage », dit-il, « n'aurait pas paru assez désintéressé (3) ». Il voulait parler du chapeau de cardinal que le gouvernement avait déjà demandé pour lui. D'où il suit que ce n'est pas seulement la publica-

(1) Mgr Foulon p. 385.
(2) P. 386.
(3) P. 390.

tion de la lettre qui a empêché Pie IX de le nommer. D'autre part, cette réserve nous paraîtrait bien plus digne d'éloges, plus délicate et plus vraiment « désintéressée », si l'archevêque s'était tenu à la même distance des Tuileries, où le fameux chapeau ne se fabriquait guère moins qu'au Vatican. Il est vrai qu'on ne nous fait point part de ces « raisons d'une extrême gravité », qui jusque là lui avaient fermé le chemin de Rome : on n'aurait pas été fâché d'en savoir quelque chose. Cela nous aurait dédommagés de l'insuffisance notoire des explications que l'archevêque dit avoir données au pape dans cette audience. Car après avoir parlé de soumission au souverain spirituel de Rome, centre de l'unité et foyer de la vie chrétienne, du besoin qu'il avait de voir le pape et de s'incliner devant sa personne auguste, voici ces explications, qui ne portent que sur les principes généraux de son administration : « Ne pouvant imposer des lois, je m'efforce de créer des mœurs. Tout cela demande du temps et de la condescendance. S'il en est qui espèrent obtenir le triomphe de leurs convictions par la violence et l'agression je respecte leur conduite, mais, en ce qui me concerne, je ne puis me résoudre à les imiter (1) ». Contre qui se défend-il donc, et qui lui a jamais fait un pareil reproche? Ces considérations parurent faire impression sur Sa Sainteté : « Je n'ai jamais enseigné autre chose », s'est-Elle écriée, « et vous exprimez là toute ma pensée ». Et comme l'archevêque désirait terminer l'entretien en présentant quelques observations sur les actes de son administration qui faisaient l'objet de la lettre du 26 octobre, le Saint-Père lui ferma la bouche, en lui disant avec une bonne grâce toute paternelle : « Il n'est plus

(1) Mgr Foulon, p. 391.

besoin de justification après ce que vous venez de dire ». Hâtons-nous de dire que

« Le vrai peut quelquefois n'être pas vraisemblable ».

C'est tout ce que nous voulons constater : le pape fait venir l'archevêque pour ce que nous savons ; il lui dit en le recevant : « Parlez, mon fils ». Celui-ci ne dit pas un mot du contenu de la fameuse lettre, et le pape se montre plus que satisfait. Nous sera-t-il permis d'observer que nous n'avons pas d'autre témoin que le principal intéressé, et, quelle que soit la confiance que nous ayons en sa sincérité, nous ne pouvons être complètement rassuré sur la fidélité de ses impressions. Nous l'entendrons lui-même dire que ses explications ont été trouvées « suffisantes quoique *incomplètes* », et que jusque dans l'audience du 1er décembre 1867 « le pape parut d'abord froid et réservé (1) ». Il est vrai qu'il aura encore le même succès en rééditant son mot : « Je m'efforce de créer des mœurs ». Avec de pareils succès, le pape aurait bien pu être encore plus « froid et réservé » à la troisième audience qu'à la seconde.

D'où venait donc cette réserve sinon de ce qu'à la fin le pape voyait clairement que l'archevêque ne profiterait d'aucune des occasions qui lui étaient offertes d'adhérer sans détour aux enseignements de sa lettre ? Autrement, et s'il était vrai qu'il ne pouvait « être question de cette lettre », pourquoi en parle-t-il ? « J'abordai de nouveau l'affaire (2) », dit-il, « à mesure que je parlais.... le visage du pape se dilatait ; à la fin, il me dit : « Monseigneur, à votre place, je n'aurais pas agi autrement ; je me garderai bien désormais d'écouter ceux qui m'excitent contre vous ». Et en terminant son récit, nous dit M. E. Ollivier, l'arche-

(1) P. 402.
(2) Ibid.

vêque ajoutait : « Il aurait bien dû s'y prendre plus tôt ». Le trait a son prix. Voilà donc quelle fut la dernière parole du pape et celle de l'archevêque. Elles nous semblent caractériser fort bien l'attitude de celui-ci, sinon celle de celui-là. En tout cas, c'est d'un côté la bonté toute paternelle et naïve, qui, sans être dupe, veut se contenter de peu ; de l'autre, la ténacité d'un homme qui, n'ayant avoué aucun tort, reconnu aucune erreur, laisse entendre que, si la lettre du 26 octobre est regrettable, ce n'est pas pour lui.

Il serait intéressant de revenir sur ce chapitre, dans lequel Mgr Foulon croit « avoir exposé dans le plus grand détail et avec une entière impartialité toutes les circonstances qui se rattachent à la mémorable lettre du 26 octobre (1) ». Je ne crois pas que ceux qui l'auront lu avec quelque attention aient pu être satisfaits ni de l'attitude de l'archevêque ni du rôle qu'on attribue au pape. Ai-je besoin de dire que l'expression de ce regret ne remonte qu'au véritable auteur de ce récit : car il est facile de constater que, pour la plus grande partie de cet épisode, l'historien n'est que l'éditeur non responsable de l'autobiographie de Mgr Darboy ?

Ce qui frappe tout d'abord, c'est la mise en œuvre des témoignages de bienveillance que le pape lui a adressés : invitations aimables, paroles pleines de tendresse, lettres flatteuses, humbles prévenances, j'allais dire excuses, mais le mot n'y est pas. On croirait vraiment que Pie IX n'a jamais eu pour aucun autre évêque autant de confiante affection que pour l'archevêque de Paris.... après la lettre ; et le lecteur sort avec cette impression, je ne dis pas avec la conviction, que les reproches exprimés dans la lettre ne devaient pas être fondés. Qui oserait soutenir que l'histoire ait le droit d'incliner l'esprit des lecteurs vers cette conclusion ?

---

(1) P. 410.

Il n'est pas étonnant sans doute que le pape donne des marques d'affection à un évêque : cela est tout naturel. Mais je ne crois étonner personne en disant qu'il y a des nuances : le pape aime tous les évêques, il affectionne particulièrement les saints évêques, il considère davantage les grands, il ménage ceux dont il n'est pas sûr, quand il s'en trouve de tels. Or, Mgr Darboy n'était pas le premier venu dans le corps épiscopal ; il n'était pas de ceux qui ne comptent pas. Sa valeur personnelle et le prestige dont il jouissait dans le monde, ses relations avec l'empereur, son titre de « collaborateur actif du ministre des cultes », comme dit M. E. Veuillot, tout contribuait à faire de lui, même à Rome, un évêque justement considéré, à qui l'on devait accorder, à défaut d'une entière confiance, les plus grands ménagements. C'est même de ce point de vue que la *lettre* tire une partie de son importance, puisque le pape l'écrivit malgré tout. Nous ne pouvons oublier qu'elle est pour ainsi dire toute pleine de larmes, et comme Pie IX ne l'avait pas écrite pour blesser le cœur de l'archevêque, mais pour le ramener à de meilleurs sentiments, on comprend qu'il ait si souvent recours à cette expression d'une bienveillance inépuisable. Il aura dû prendre plus d'une fois la physionomie et l'accent du père de l'enfant prodigue, au risque d'exciter l'envie de quelque enfant fidèle, en regardant du côté de Paris, cette région lointaine, où il trouvait tant de causes « d'étonnement, de douleur et d'angoisses ». *Que ce soit donc là, si l'on veut, le défaut* de Pie IX ; mais je ne consentirai pas à reconnaître qu'il soit sorti des bornes de la bonté. Mgr Dupanloup, critiquant un des romans de Victor Hugo, reprochait à l'auteur d'y produire un évêque « bon jusqu'à la bêtise ». Oh ! je ne veux pas abuser de ce rapprochement, mais il est certain que, si les lecteurs trouvent quelque excès de bonté dans ce récit, ce n'est pas Pie IX qui en souffrira.

Eh quoi ! le pape écrit cette lettre et invite l'archevêque

à venir s'expliquer... Celui-ci, à la longue, se rend à cette invitation, et nous savons déjà comment il s'expliqua. Or dans ces explications, il n'est question ni de la juridiction immédiate et ordinaire du pape sur les diocèses, ni du droit d'appel au Saint-Siège, ni de la manière de juger les Articles organiques, ni du droit des Réguliers. Pourtant il n'y avait au fond que cela dans la lettre. Et quand l'archevêque s'évertuait à faire entendre au pape que sa situation était difficile, et qu'il ne faisait pas ce qu'il voulait, ajoutant avec un goût douteux : « S'il en est qui espèrent obtenir le triomphe de leurs convictions par la violence et l'agression, je respecte leur conduite, mais je ne puis me résoudre à les imiter, » il se tenait volontairement en dehors de la question ; et Pie IX pouvait lui dire : « Je n'aurais pas agi autrement », sans reconnaître par ces paroles qu'on lui avait donné satisfaction. Mais comment admettre qu'il ait consenti à oublier ses justes griefs, ses rappels à la saine doctrine, sur des explications insignifiantes. C'est là que nous ne retrouvons plus le Pie IX que tout le monde a connu, le pape en qui s'alliait si heureusement les qualités du souverain plein de dignité, du pontife d'une si grande autorité, du père plein de tendresse, et de l'homme d'esprit dont les saillies de bon aloi étaient pour le moins aussi connues que celles de l'archevêque. On aura quelque peine à croire que dans ces deux entrevues il n'ait pas obligé son visiteur à regarder d'un peu plus près au côté doctrinal de la lettre, et nous avons le droit de supposer que, n'étant pas satisfait sur ce point, il en garda cet air « *froid et réservé* qu'en somme il a toujours eu pour l'archevêque de Paris : ce qui montre assez bien qu'il ne se fit aucune illusion. Il comprit sans doute qu'il n'avait devant lui ni un révolté ni un saint, et il dut se dire à lui-même qu'ayant écrit à un évêque il avait reçu la réponse d'un diplomate.

Tel, en effet, nous apparaît l'archevêque dans tout le cours de cette négociation, et nous ne trouvons aucune expression qui caractérise plus exactement le rôle qu'il y a joué. Dès le commencement il se dérobe ; c'est la réponse d'un homme qui semble vouloir gagner du temps. Elle est renfermée dans des termes vagues de foi et de soumission en général : il dit qu'il donnera des explications si on le désire, sans voir que, quel que soit le désir de Rome, assez vivement exprimé du reste, il doit, lui, se sentir dans la nécessité de sortir de là. Quel évêque fût resté aussi calme que lui sous le coup de pareilles accusations, de tels reproches ? Coupable, il se fût soumis; tombé dans l'erreur, il en fût sorti sans attendre ; innocent, il eût revendiqué, avec émotion, son droit à toute l'estime du Souverain-Pontife. Pour lui, il ne fait rien de tout cela : il ne paraît pas pressé de se réhabiliter, puisqu'il ne répondra que dans le cas où l'on insisterait ; il ne reconnaît pas davantage que les erreurs qu'on lui impute soient les siennes, et encore moins consent-il à confesser la moindre faute. N'est-ce pas de la diplomatie ?

Diplomatie nécessaire sans doute, puisque déjà, sous le coup d'un reproche maintenant réitéré (obsèques Magnan), il avait paru tout autrement sensible, et n'avait rien négligé pour se disculper. Comment donc pouvait-il rester indifférent à ce qui touche la doctrine ?

Il ne veut pourtant pas nous laisser croire que son silence soit commandé par l'impossibilité de se défendre, et il nous indique un motif qui n'est pas loin d'être le contraire de celui-là, puisqu'il craignait plutôt d'avoir trop d'avantage dans la discussion. Cette déclaration a son prix, notons-la : « J'ai évité la discussion », (1) dit-il, « parce que je ne voulais pas discuter avec un supérieur et un Père, sur le fond d'une lettre où l'on rapporte inexactement certains faits, et où l'on m'impute des paroles que je n'ai pas dites. » Nous trouvons chez M. Guillermin (2), l'expression du même

---

(1) Mgr Foulon, p. 384.
(2) P. 135.

sentiment en d'autres termes : « Non, je ne parlerai pas ; je ne puis ni ne dois avoir raison contre mon chef hiérarchique, qui est le vicaire de Jésus-Christ. A un vicaire qui se plaindrait de son curé je conseillerais le silence. Je mets ce conseil en pratique. » Il faut être doué d'une grande bienveillance pour ne faire aucune réserve sur ces paroles. La pensée qui est au fond s'enveloppe sans doute sous une formule révérencieuse et même un peu mystique, mais enfin qu'est-elle sinon une accusation d'erreur qu'on retourne à la face du pape, plutôt que d'avouer sa propre erreur ? Qu'est-ce encore autre chose que ce qu'on appelait à une autre époque « le silence respectueux » ? Et comment n'être pas surpris d'apprendre que l'archevêque croyait ainsi donner à son siècle un bel exemple de respect. « Le respect n'est pas si bien installé (1), disait-il, dans les mœurs de ce siècle, pour que l'on puisse impunément en exposer la notion à être méconnue ».

Nous n'ignorons plus maintenant que la lettre n'avait pas besoin de cette sorte de respect et qu'elle se défend par elle-même. Quels sont les faits que l'on rapporte inexactement ? La visite des Réguliers ? Ne l'avait-il pas ordonnée, avec la prétention que le pape relève et condamne ? C'était en second lieu l'assistance aux obsèques du maréchal Magnan : le pape en parle encore pour lui dire qu'il aurait dû prendre ses précautions pour éviter de causer ce scandale aux fidèles. Quant aux paroles qu'il n'a pas dites, on ne les connaît pas ; mais Pie IX répond à des lettres qu'il a reçues et à un discours imprimé.

Si les historiens de Mgr Darboy avaient eu autant de souci de la mémoire de Pie IX que de la gloire de l'archevêque le lecteur ne resterait pas sous le coup des insinuations de celui-ci, disposé à le regarder comme une victime

(1) Mgr Foulon, p. 407.

de l'absolutisme pontifical et à lui donner raison quand il l'entendra parler plus tard de la *trop grande dépendance* des évêques vis-à-vis du pape. Voilà jusqu'où une préoccupation trop exclusive peut conduire des écrivains consciencieux.

Grâce à cette bienveillance, le diplomate paraît avoir réussi : il n'a reconnu aucune erreur ; il n'a avoué aucune faute (qu'on ose dire le contraire !) il s'est enhardi jusqu'à faire entendre, en langage fourré, que, si l'on y regardait d'un peu plus près, on verrait clairement que les torts ne sont pas de son côté, battant, comme on dit, son *meâ culpâ* sur la poitrine de Pie IX.

S'il eût été disposé à s'accuser la publication de la lettre lui en eût fourni une excellente occasion. Il aurait laissé aux autres le soin de qualifier cet acte d'indélicatesse, que personne ne peut approuver, pour n'y voir qu'un providentiel avertissement, une de ces grâces de choix, dont Dieu se sert pour nous ramener à Lui. Le coup lui fut sensible, mais il ne paraît avoir produit aucun effet surnaturel. Quand il avait reçu la lettre, il s'était montré peu pressé de se justifier : maintenant qu'elle est publiée, il s'irrite, il multiplie les démarches, il s'adresse au cardinal secrétaire d'Etat, à plusieurs reprises, pour se plaindre, demander une enquête et dénoncer ceux qu'il croit coupables du délit. Le gouvernement n'a pas d'affaire plus importante, le ministre des affaires étrangères et l'ambassadeur de France à Rome s'en occupent très activement ; et s'il n'est pas prouvé qu'on ait menacé le pape d'une rupture des relations diplomatiques, on en a profité pour imposer au nonce une déclaration humiliante. Enfin on ne reconnaît plus cet homme qui disait avec une si parfaite tranquillité (1) : « Les attaques ouvertes ou sournoises m'inspirent un sentiment qu'on ne nomme pas, mais qui les protège assez bien contre toute

(1) Mgr Foulon, p. 400.

répression. » Je n'ai pas à dire si, au point de vue chrétien, le mépris, même innommé, vaut mieux que cette vivacité d'indignation, mais enfin ce n'est pas la même chose, et il faut croire qu'il n'avait pas encore subi cette épreuve quand il disait : « Ma vie n'a ni haut ni bas. »

Il est vrai que Mgr Foulon a trouvé une manière toute neuve d'expliquer ce changement (1). Nous pourrions croire que l'archevêque obéit à un sentiment très commun de faiblesse humaine, que ce qui le révolte, c'est de se sentir atteint dans son honneur, chose dure à supporter, ou piqué dans sa vanité d'homme. On nous assure que c'est son honnêteté qui s'est indignée. Citons : « Nous n'oserions pas affirmer que l'*honnêteté indignée* de Mgr Darboy ne se soit pas échappée avec véhémence dans plusieurs de ses conversations et que certaines de ses lettres particulières n'aient pas gardé la trace des sentiments pénibles qu'il éprouva en ce moment. » Cela veut dire sans doute qu'en fait cette honnêteté indignée s'est échappée avec véhémence par parole et par écrit. Plaise à Dieu que quelque indiscret n'ait pas l'idée de livrer un jour l'expression de ces sentiments au public ? Nous craindrions d'y trouver des traits qui, en passant par-dessus la tête des éditeurs de la lettre, atteindraient celui qui en était l'auteur. Ce serait peu édifiant et en même temps bien inutile pour prouver que l'archevêque n'a jamais changé d'idées, puisque nous avons déjà cette preuve dans les lettres qu'il écrivit pendant le concile à l'empereur et à M. E. Ollivier.

---

(1) P. 410.

V

LE GALLICANISME AU CONCILE

Sévérité de l'histoire. — Le représentant de l'empereur au concile. — La minorité et la thèse gallicane. — Imprudences. — Une réplique de M. E. Ollivier. — Mgr Dupanloup.— Lettre du 26 janvier à l'empereur. — Le pape accusé. — Appel au bras séculier. — La morale dans l'histoire. — Lettre du 21 mai, — Une leçon. — Ne cassons pas les vitres. — Un jugement d'Innocent XI.

Nous voudrions pouvoir terminer ici notre travail ; les conclusions que nous en pourrions tirer seraient déjà bien lourdes pour la mémoire de Mgr Darboy. Mais c'est surtout pour le temps du concile du Vatican que l'histoire lui réserve ses plus grandes sévérités. Il faudrait pour trouver des évêques plus oublieux de leurs devoirs et plus compromis remonter jusqu'à Napoléon Ier, jusqu'au temps de la captivité de Pie VII et du concile national de 1811. Les lecteurs de l'*Histoire* et de la *Vie* de l'archevêque n'en ont peut-être qu'un vague soupçon ; mais ils n'auront pas de peine à reconnaître la triste vérité.

C'était l'opinion générale que Mgr Darboy n'était guère le représentant du pape à Paris, on le croyait plus dévoué à l'empereur qu'au pontife. Il ne vit pas d'inconvénient à continuer ce rôle et il put être regardé dans Rome même comme un représentant de l'empereur Napoléon. « Il était arrivé à Rome avec un grand prestige, il l'avait accru. Mis en situation, grâce à la libéralité de l'empereur, de faire honorable figure, il réunissait un grand nombre de ses collègues chaque soir dans sa demeure de la rue Condotti. Là, dans ses entretiens familiers, il gagnait par sa bonne grâce ceux dont il avait conquis l'admiration par la supériorité de son esprit (1). » Les libéralités des souverains coûtent parfois très cher à ceux qui les reçoivent : nous le verrons tout à l'heure. Par ce fait, l'archevêque de Paris devenait le correspondant de l'empereur, et, comme dit encore M. E. Ollivier, son *conseiller ecclésiastique.*

A ce titre, et malgré les convictions ultramontaines de sa jeunesse, il se trouvait engagé dans le groupe de l'opposition, ou, si l'on veut, de la minorité : il s'y fit une place toute particulière. Sa valeur personnelle, son habileté incontestable, non moins que son titre d'archevêque de Paris, de confident de l'empereur, tout conspirait à fortifier son influence. La minorité avait des cardinaux pour présidents ; elle avait ses agitateurs pour le concile et pour l'opinion publique Mgr Strossmayer et Mgr Dupanloup ; l'archevêque de Paris en fut l'inspirateur et le guide.

Certes il avait le droit, comme tous les évêques, du reste, de soutenir et de chercher à faire prévaloir ses idées, fussent-elles opposées même au futur dogme de l'infaillibilité. Il n'allait pas jusque-là ; et il se contentait de soutenir, avec presque tous les membres de la minorité, qu'il n'était pas opportun de définir cette vérité universellement enseignée dans l'Eglise. C'était une thèse à soutenir, mais il fallait la formuler nettement, bien circonscrire le terrain de la discussion, et ne pas franchir la ligne au-delà de laquelle on devait se heurter à l'infaillibilité elle-même. Or il est facile de voir que les inopportunistes ont trop souvent fait valoir des arguments qui sortaient de leur programme, et poussaient la majorité à ne plus laisser sans définition une vérité

(1) *L'Eglise et l'Etat au concile du Vatican.*

que les autres attaquaient ouvertement. Mgr Darboy n'est pas non plus exempt de tout reproche à ce sujet. N'a-t-il pas parlé dans une trop malheureuse lettre que nous citerons tout à l'heure « des difficultés théologiques, historiques et politiques dont la doctrine de l'infaillibilité est hérissée » Ce n'est pas le langage d'un théologien convaincu, et puisqu'il a toujours prétendu se donner comme tel, il aurait bien fait de s'abstenir aussi de raisonnements qui tiennent une aussi grande place dans son discours du 20 mai. On observe cette sorte de contradiction chez plusieurs évêques de la minorité, chez Mgr Dupanloup, par exemple. Ces prélats n'hésitaient pas à exploiter en leur faveur les écrits de Mgr Maret et du P. Gratry, dont ils favorisaient la diffusion dans l'univers entier, sans vouloir reconnaître que ce qui était loyal de la part de ces deux gallicans avérés ne l'était plus pour ceux qui se disaient partisans de la doctrine ultramontaine. Ils savaient que ces armes ne pouvaient blesser que la vérité avant la définition et infirmer le dogme après.

Le résultat le plus clair de toutes ces discussions malheureusement publiques devait être de rendre plus difficile l'adhésion des fidèles et des hommes d'Etat aux définitions du concile. La soumission des prélats ne devait pas toujours combattre efficacement ces impressions. Quand un des principaux évêques de la minorité publiant la constitution *Pastor æternus* disait qu'il le faisait sans craindre « ni les ombrages « vainement suscités, auxquels le bon sens des vrais hom- « mes d'Etat sait résister, ni les clameurs des ennemis de « l'Eglise et du Saint-Siège, » M. E. Ollivier s'écriait : « Ah ! « ceci est de trop, Monseigneur : Je suis de ces hommes « d'Etat dont le bon sens a résisté à des ombrages vainement « suscités, mais il n'a pas tenu à vous qu'il en fût autre- « ment. Car la veille de la définition vous m'écriviez : Ah ! « M. le Ministre, étant ce que vous êtes, il me paraît diffi- « cile que vous ne sentiez pas comme nous, en ce moment, « ce qu'il faut sentir, et quel honneur est engagé ici. »

(30 juin). « D'autres moins fermes que moi, vos amis, ont « ressenti les ombrages que vous aviez suscités vous-mêmes, « et maintenant qu'à votre passion de 1870 a succédé une « autre passion qui vous l'a fait oublier, avec une désinvol- « ture méprisante vous raillez ceux qui se sont laissé en- « traîner par vous ! Même au point de vue d'humbles « laïques comme nous, qui ne se targuent pas de donner « sans cesse des leçons, cela n'est pas bien (1). » Voilà une réplique qui montre que l'exploitation des inconvénients politiques de la définition par la minorité ne fit que trop d'impression sur certains hommes; elle prouve aussi qu'il y eut un rapprochement entre certains évêques de l'opposition et le gouvernement français. Quand, au plus fort de la lutte, on prétendait que l'évêque d'Orléans avait fait aux Tuileries une visite avant de se rendre au concile, ses amis protestèrent vivement contre ce qu'ils appelaient une insinuation calomnieuse. Il est certain pourtant qu'il eut quelques relations de ce genre et qu'après avoir été de l'opposition systématique en 1852, contre l'empire autoritaire, le besoin de fortifier son parti au concile l'avait rapproché de l'empire libéral. La minorité du concile faisait alors *flèche de tout bois*, comme on dit vulgairement.

Mais, nous ne parlons ici de Mgr Dupanloup qu'en raison de la très grande et très bruyante part qu'il a prise aux luttes de la minorité, sans avoir l'intention de comparer son attitude à celle de l'archevêque de Paris. Qu'on blâme tant qu'on voudra la fougue et les emportements de l'évêque d'Orléans, on l'estime et dans plus d'un de ses écarts on l'admire encore, parce qu'on y retrouve les convictions d'une âme ardente et les généreux battements d'un grand cœur.

Il y eut donc une tendance à solliciter l'intervention du

---

(1) V. M. Ollivier, II, p. 381.

bras séculier dans les affaires du concile, et, jusqu'à preuve du contraire, nous nous refuserons à croire qu'aucun autre évêque ait fait ou approuvé des démarches semblables à celles dont Mgr Darboy n'a pas craint de charger sa conscience et sa mémoire. Ici nous n'avons pas à pénétrer les secrets d'une âme qui se dérobe, nous ne sommes pas obligés de lire entre les lignes d'un historien bienveillant, c'est l'archevêque lui-même qui nous livre sa pensée, non pas à nous, mais à l'empereur. Le lecteur a aussi l'avantage de ne s'en pas rapporter aux déductions d'une critique peut-être suspecte, puisqu'en prenant connaissance des deux lettres que nous nous faisons un devoir de reproduire il peut dire à celui qui les a écrites : *Ex ore tuo te judico.*

Le pape n'avait jamais cessé de se montrer bienveillant, même pendant le concile, pour l'archevêque. Il s'empresse de lui donner audience, il s'informe de sa santé, il lui fait passer une curieuse pièce de pâtisserie sèche, dont une moitié fut mangée à Rome, l'autre à Paris. Mgr Foulon ramasse avec soin jusqu'aux miettes de la munificence de Pie IX, heureux de satisfaire le respect qu'il professe pour les deux personnages, en montrant la délicatesse de l'un et l'incorruptibilité de l'autre. Car on se tromperait étrangement si l'on croyait que Mgr Darboy ait jamais pu être touché par de tels procédés. C'est alors qu'il critiquait l'ingérence du pape dans les affaires du concile ; c'est alors qu'il ose dire à l'empereur que la situation des évêques au concile est telle que « leur liberté n'y paraît pas entière et que par conséquent l'autorité de leurs décisions en sera infirmée ». Mais nous avons promis de donner ces lettres dans toute leur étendue : Voici celle du 26 janvier :

« Quant au concile, il avance lentement, et sans qu'on « puisse voir encore la portée de ce qu'il fera. Après avoir « nommé nos six commissions, ce qui nous a pris vingt « jours en raison des procédés usités ici, nous avons dis- « cuté deux projets de décrets, un sur les questions de

« dogme et sur les plus grosses erreurs du temps, l'autre « sur les obligations des évêques. Les deux projets sont « renvoyés à la commission pour être revus : aucun décret « n'est encore voté.

« Il est difficile de soutenir que le concile ait toutes les « apparences de la liberté. Il n'a pas fait son règlement ; ce « ne serait qu'un inconvénient médiocre, si les droits d'une « assemblée libre y étaient assez garantis. D'après le règle- « ment fait par lui-même le Saint-Père a nommé prési- « dents, secrétaires, questeurs ou scrutateurs et cérémo- « niaires, soit quarante-huit officiers du concile, presque « tous italiens fixés à Rome. Il a nommé de même la com- « mission sur le rapport de laquelle il doit accueillir ou « rejeter, sans avoir à motiver sa résolution, toutes les pro- « positions de réformes ou de mesures nouvelles. Les six « autres commissions ont été nommées sous des influences « auxquelles il n'est pas étranger, soit qu'elles lui obéissent « ou qu'il les tolère seulement. Un cardinal très autorisé, « le premier des présidents du concile, a dressé les listes « de candidats que des religieux et des évêques complai- « sants ont répandues et appuyées parmi deux cent cin- « quante vicaires apostoliques, abbés et généraux d'ordres, « relevant du Saint-Siège à tous égards et placés maté- « riellement même sous sa dépendance. La majorité s'est « trouvée ainsi faite ; les listes officielles ont passé comme « on l'a voulu et réglé d'avance : ni un homme de plus ni « un homme de moins ; sept ou huit italiens pour deux ou « trois français : les ultramontains l'emportent sur toute la « ligne, à l'exclusion absolue de ceux qui ne sont pas d'un « romanisme assez accentué.

« Libre dans ses élections au degré que je viens de dire, « le concile est libre dans ses délibérations au degré que je « vais expliquer. A cause des conditions acoustiques de la « salle la discussion est difficile, presque impossible. Beau- « coup ne suivent pas ou ne suivent qu'imparfaitement

« l'orateur ; ce qu'ils n'ont pas entendu, ils ne peuvent le « lire, car il n'y a pas de procès-verbaux des séances, et, « de plus, nous n'avons pas le droit de faire imprimer, « même pour les communiquer seulement à nos collègues, « ni nos discours ni des mémoires à consulter. De tout « cela il résulte que les observations et critiques des ora- « teurs seront appréciées seulement par les commissaires « nommés, comme il a été dit, sous la pression officielle, et « que les votes seront émis par des hommes qui n'ont pas « pu se rendre compte suffisamment de la discussion. Nous « avons supplié qu'il fût porté remède à de si graves incon- « vénients : on n'en fait rien.

« Les exagérés viennent de faire une pétition pour de- « mander que le concile définisse l'infaillibilité du Pape. « Elle est revêtue de signatures dont le chiffre n'est pas « connu, mais qui montent à quelques centaines, dit-on ; « pour en attirer un plus grand nombre, on a répandu le « bruit, à tort ou à raison, que le Saint-Père désire la « chose. Nous sommes un groupe d'environ cent cinquante « évêques de tous pays, sauf l'Espagne, qui venons d'en- « voyer au pape une contre-pétition, à l'effet d'obtenir qu'il « veuille bien ne pas laisser poser une telle question, à « cause des difficultés théologiques, historiques et politi- « ques dont elle est hérissée. Une troisième pétition circule « en ce moment où les signataires demandent que, pour « tout concilier, on ne fasse pas une définition, comme le « voudraient les premiers, mais seulement une explication « plus accentuée que ne le voudraient les seconds, des « droits du Pape en matière d'enseignement doctrinal. Les « choses en sont là, sans qu'on puisse encore deviner ce « qui prévaudra.

« On vient de nous remettre un projet de vingt-et-un dé- « crets concernant l'Eglise en général, le pape en particu- « lier et les principaux rapports entre les deux autorités « civile et religieuse. C'est un travail assez long, et, avant

« d'en parler, j'ai besoin de l'étudier soigneusement. A pre« mière vue, la tendance en paraît excessive, et cela ne doit « pas étonner, après la constitution écrite au mois d'octobre « et publiée depuis que nous sommes ici, pour limiter en « apparence, mais pour renouveler en réalité, les excom« munications et censures. On peut croire que nous n'au« rons pas à éditer seulement des mesures d'apaisement et « de conciliation.

« Tels sont, Sire, les principaux faits qui permettaient « d'apprécier la situation des évêques au concile : si je ne « me trompe, leur liberté n'y paraît pas entière et par con« séquent l'autorité de leurs décisions en sera infirmée ; de « plus les tendances qui se produisent dans leurs rangs « peuvent amener des résultats regrettables pour le monde, « pour l'Eglise comme pour les Etats de l'Europe. Je me « demande si l'intérêt général, l'intérêt de la société reli« gieuse et civile n'exige pas qu'on nous vienne en aide. Le « gouvernement de l'empereur ne pourrait-il pas faire con« naître au gouvernement pontifical les appréhensions que « les débuts du concile causent même à des esprits sérieux « et non prévenus et lui laisser entrevoir les conséquences « possibles des tendances et des agissements signalés plus « haut ? Bon nombre d'entre nous, Américains, Portugais, « Allemands, Italiens du nord, Orientaux et Français, par« lent en ce sens, mais sans effet. Ce n'est pas moi sans « doute qui conseillerais de prendre à l'égard du concile « une attitude qui ne serait pas chevaleresque et désinté« ressée ; cependant je ne voudrais pas non plus qu'un « grand gouvernement comme celui de l'empereur expri« mât une confiance et des espérances que l'avenir trahira « peut-être. Si la discussion qui vient d'avoir lieu au Sénat « se représente prochainement au Corps législatif, ne fau« drait-il pas dire au public que plusieurs choses dans ce « qu'on sait déjà du concile ne sont pas absolument satis« faisantes, que des représentations ont été ou seront faites

« au gouvernement pontifical, et que, tout en laissant l'as-« semblée à sa libre activité, on veille dans la mesure du « possible et du convenable à ce que les intérêts dont l'Etat « est le défenseur-né soient suffisamment sauvegardés et à « ce que la bonne entente, établie entre les deux autorités « par le concordat, ne soit pas compromise comme elle le « serait certainement si les résolutions du concile étaient « trop peu en rapport avec les institutions, les lois et les « habitudes de la France (1) ? »

Mgr Foulon fait connaître le dernier paragraphe de cette lettre, après une courte analyse des deux premiers tiers, et il en donne cette appréciation : « Notre impartialité nous fait un devoir de ne point passer sous silence cette lettre qui, incontestablement, donne lieu à de graves réserves ». M. l'abbé Guillermin n'en donne qu'un passage insignifiant, et paraît avoir lu ce trop grave document sans y rien trouver qui fût digne de l'attention de ses lecteurs. Est-ce donc ainsi qu'on écrit l'histoire ?... Ah ! j'en demande bien pardon aux historiens de Mgr Darboy, mais je crois avoir le droit de dire à M. Guillermin que son travail n'est pas toujours fait avec assez de soin, et qu'il n'est pas marqué partout au coin de cette haute critique qui n'est que la morale dans l'histoire. Oserai-je rappeler à Mgr Foulon que la *loi d'impartialité* qu'il s'est imposée paraît être pour lui un bien lourd fardeau. Quand il s'y soumet il ne le fait pas sans le dire, et sans montrer au lecteur l'effort pénible qu'il doit s'imposer pour arriver à formuler « de graves réserves ». Cet effort d'autant plus consciencieux qu'il a été plus pénible semble avoir épuisé les forces du vénérable prélat, qui ne trouvera plus le moyen de signaler une autre lettre de l'archevêque, écrite au même, dans le même ordre d'idées, mais qui va plus loin. Non, Monseigneur, il faut le

(1) *L'Eglise et l'Etat au concile du Vatican*, II, p. 91.

dire tout haut, ce ne sont pas des réserves qu'appellent de telles démarches, c'est une condamnation sans réserves. Mgr Darboy n'a pas craint d'accuser le pape, auprès de Napoléon III, d'avoir attenté à la liberté du concile ; il a osé dire que, les évêques n'étant pas libres, « l'autorité de leurs décisions serait sans force » ; il a demandé à l'Etat de lui « *venir en aide* » dans sa lutte contre l'Eglise et contre le pape ; il ne voudrait pas que ce grand gouvernement de l'empereur eût trop de confiance dans les évêques du monde réunis en concile ; il désirerait qu'on fît savoir « *au public* » que l'on n'est pas *satisfait*, mais qu'on est bien résolu à défendre les intérêts de l'Etat ! Ah ! je comprends à la rigueur qu'un homme d'Etat comme M. E. Ollivier donne cette lettre sans la qualifier comme elle mérite de l'être, mais la conscience catholique a d'autres délicatesses, elle y voit une déplorable défaillance et, par un exemple de plus, elle apprend à se défier des évêques de cour.

La seconde lettre de l'archevêque est du 21 mai : « Sire,
« je prie Votre Majesté de permettre que j'appelle respec-
« tueusement son attention sur l'état présent de l'affaire qui
« retient ici les évêques français. La marche qu'elle a sui-
« vie jusqu'à présent a d'abord été signalée avec vérité par
« le *Moniteur* du 14 février dernier, article sur la *Situation*
« *des choses à Rome*. Elle vient d'être décrite plus complète-
« ment dans une brochure intitulée *Ce qui se passe au con-*
« *cile*, et qu'on aura placée sans doute sous les yeux de
« Votre Majesté. Les détails qu'on pourrait y ajouter sont
« de nature à confirmer ces révélations si tristes, et à for-
« tifier l'impression pénible qui en résulte. En outre, la
« situation est caractérisée par les deux faits suivants : à
« la communication du gouvernement français en date du
« 20 février le gouvernement pontifical a répondu en lan-
« çant le schema ou projet de définition sur l'infaillibilité.
« Au *memorandum* récemment présenté par M. de Banne-
« ville il a répondu en mettant à l'ordre du jour la délibé-

« ration sur le schema. Il paraît assez difficile d'en rester « là, et, si l'on ne peut prendre l'agression, il faut tâcher « de faire une retraite à la Moreau. — Aussi M. le « Ministre des cultes vient-il d'inviter M. de Banneville « à ne plus parler du concile ni au cardinal Antonelli ni au « pape, et à ne point accepter désormais qu'ils lui en par- « lent. L'ambassadeur m'ayant communiqué confidentiel- « lement cette lettre, la pensée m'est venue que le gouver- « nement de Votre Majesté pourrait y ajouter un acte qui « aurait une *portée considérable*. Il consisterait à rappeler « M. de Banneville sans lui donner de successeur à pré- « sent, le premier secrétaire d'ambassade restant chargé « par intérim des affaires de France. Le rappel serait une « sanction des mesures précédemment adoptées, n'engage- « rait pas le gouvernement dans une lutte et pourtant « serait ici d'un grand effet. » — Après quelques réflexions sur le sort de M. de Banneville, à qui il craindrait de faire de la peine et du tort, sans jamais avoir la même préoccupation pour le pape, il reprend : « Par ce que je viens d'in- « diquer, Sire, le gouvernement de Votre Majesté main- « tiendrait et même sanctionnerait ce qu'il a cru devoir « faire au sujet du concile ; il ne contristerait pas, il hono- « rerait au contraire M. de Banneville, qui a tiré de Rome « le parti qu'on en peut tirer ; il donnerait un appui moral « à la minorité engagée dans une lutte où elle se comporte « bravement, et il contribuerait peut-être efficacement à « faire retirer ou ajourner la question malheureuse qui « inquiète et divise tout le monde. — Depuis huit jours la « discussion sur l'infaillibilité est ouverte ; près de cent « évêques sont inscrits pour parler sur le schema en géné- « ral. Un plus grand nombre encore parleront sur les diffé- « rents chapitres dont il se compose. Nous ne finirons « pas avant le mois de juillet. On peut donc encore arriver « à temps pour empêcher ce qui se prépare ici. »

Quand on se rappelle quels étaient alors les conseillers de

l'empereur on est humilié d'avoir à constater que ceux qui l'excitent à entreprendre sur les droits et la liberté de l'Eglise sont précisément ceux que Dieu avait placés là tout exprès pour défendre ces mêmes intérêts si d'autres avaient pu songer à les attaquer. Il y avait alors des ministres libéraux comme M. E. Ollivier, des catholiques libéraux comme MM. Daru et Buffet, et enfin le conseiller ecclésiastique que nous connaissons. Eh! bien, la vérité nous oblige à reconnaître que personne ne défendit l'Eglise mieux que M. E. Ollivier, et que personne ne l'attaqua autant que l'archevêque de Paris. Il n'écrivait pas à la légère, et n'ignorait pas, lui, l'historien de saint Thomas, combien les souverains de tous les temps sont enclins à empiéter sur le terrain réservé à l'Eglise. Que serait-il donc arrivé si on avait suivi son conseil? Le moindre inconvénient eût été d'enlever à l'Eglise sa liberté, et d'empêcher la libre expansion de sa vie, qui est la manifestation de la vérité. Mais si, bravant tout, elle avait jugé à propos de dire, comme saint Paul: « *Verbum Dei non est alligatum* », n'aurait-on pas vu les politiques se cabrer, Napoléon III exciter les cabinets de l'Europe contre la curie, déchaîner la révolution contre Rome, tenter peut-être de réduire le pape au rôle d'évêque, comme on prétend qu'il en avait l'intention dix ans plus tôt (1), et, au milieu de tout cela Mgr Darboy... se taire? Et qu'aurait-il pu dire, sinon qu'il n'avait pas conseillé de prendre une attitude qui ne fût pas *chevaleresque?* mais il avait montré du doigt le chemin, il avait ouvert la voie, sachant bien que les passions humaines se précipitent par ces ouvertures : « *quâ datâ portâ ruunt* ».

Il n'en fut rien, parce que la sagesse abandonnant Mentor

(1) V. *Le Secret de l'empereur* : cité par le *Correspondant* du 10 mars 1889.

fut du côté de Télémaque. M. E. Ollivier écrivait à l'ambassadeur : « Veuillez dire à nos évêques libéraux que notre abstention n'est pas de l'indifférence, c'est du respect, c'est surtout de la confiance. Leur défaite serait bien amère si, par son intervention, le pouvoir civil ne l'avait pas empêchée, et leur victoire aura tout son prix, s'ils ne la doivent qu'à leurs propres efforts et à la force de la vérité (1) ». Il disait à Mgr Darboy « que le rappel de notre ambassadeur entraînerait le rappel de nos troupes, ce qui aurait l'inconvénient de mêler une question d'ordre purement politique à un débat dogmatique..... *Notre seule arme serait la persécution, ce dont Dieu nous garde* (2) ». Mgr Darboy est bien à plaindre d'avoir rencontré M. Ollivier sur sa route.

Cette réponse nous rappelle que, pendant la captivité de Pie VII à Fontainebleau, quelques courtisans proposaient à Napoléon Ier de se déclarer chef de la religion en France, comme Henri VIII avait fait en Angleterre. L'empereur, affectant une bonhomie qui n'était pas ordinaire chez lui, se contenta de répondre : Non, ce serait casser les vitres. Mgr Darboy ne songeait à rien qui pût ressembler à un schisme; mais on eut raison de lui faire entendre qu'il ne proposait rien moins que de *casser les vitres*, ce qui est toujours très grave, surtout quand cela vient d'un évêque et que les *vitres* sont du côté de l'Eglise.

Le pape Innocent XI, voulant faire comprendre aux évêques français, qui en avaient appelé à la magistrature civile, combien ils avaient eu tort d'agir ainsi, leur disait en 1682 : « Nous désirons que le souvenir de ce fait soit anéanti, nous voulons que vous en effaciez le récit dans

(1) Op. cit. p. 232.

(2) Ibid., p. 238.

vos lettres, de peur qu'il ne subsiste dans les actes du clergé pour le couvrir d'un opprobre éternel. » Pourquoi faut-il que les flammes qui ont dévoré les Tuileries n'aient pu atteindre ces feuilles sur lesquelles tant d'hommes ont laissé la trace, désormais ineffaçable, de leur... faiblesse !

VI

DU CHOIX DES ÉVÊQUES

Une relique de martyr. — Lettre à M. E. Ollivier. — L'Episcopat. — Un système de pondération et la cause du schisme au XVIe siècle. — Leçon inutile. — Choix des Evêques. — Combalot. — Un idéal de l'évêque. — Au temps présent. — Concordat et gouvernement. — Le poids de la vérité. — La fin du gallicanisme. — Conclusion. — Qualités. — Défauts. — Mort. — Dans l'histoire.

Ce que nous venons de lire ne prouve pas que Pie IX ait eu beaucoup d'influence sur l'esprit de l'archevêque : on y voit assez clairement qu'il n'avait rien obtenu, qu'il avait prodigué en pure perte toutes les ressources de son esprit et de son cœur, et que sa bonté n'avait pas moins échoué que son autorité souveraine. Mais c'est dans la lettre suivante que nous constaterons la survivance des idées de Mgr Darboy. C'est encore M. E. Ollivier qui nous fait connaître cette lettre intéressante, et qui, avec son ingénuité ordinaire, croit ajouter quelque éclat à la *triple auréole* de l'archevêque défunt : il se hâte, après nous l'avoir montrée, de la replacer dans son reliquaire.

Or, cette lettre nous prouve une fois de plus — et c'est peut-être là ce qui raffermit la religion de l'illustre académicien — que son correspondant a toujours été du côté du gouvernement contre le pape, contre le concile, contre l'Eglise : à l'archevêché, aux Tuileries, au Sénat, à Rome comme à Paris. En politique, il n'a jamais rien blâmé de ce qui s'est fait, lui qui avait le blâme si facile pour le pape ;

et même dans la question romaine, tout en parlant convenablement, sans jamais prendre le ton des grands évêques de ce temps, il a toujours eu confiance dans la bonne foi des hommes, dans une politique toute faite de fourberie et de mensonge. En religion, il usait de son influence pour faire tout pencher de ce côté au détriment de l'autorité pontificale : on va le voir clairement pour ce qui regarde le choix des évêques. La grande préoccupation de cet évêque est de former un épiscopat et par conséquent un clergé *compacte, unanime et marchant d'un même pas dans le sens de son époque et de son pays* ; mais il importe surtout qu'il ne soit pas *trop dépendant* de la cour de Rome, parce que ça été la *cause du schisme religieux du XVIe siècle.* Il regrette qu'il y ait encore des ultramontains ; mais « il est digne du gouvernement de l'empereur et des hommes éminents qui le représentent d'atténuer ces dissentiments. » Alors il n'y aura plus que des évêques animés d'un même esprit, *de l'esprit qu'on préfère.* » Quand on pense qu'il a usé sa vie d'évêque à mettre en œuvre de telles idées, comment pourrait-on ne pas s'indigner et ne pas dire qu'il a été pardessus tout un grand fonctionnaire.

Mais je sens que le lecteur proteste et s'indigne à son tour contre mes allégations ; lisons donc ensemble la lettre du 16 février au ministre des cultes :

« Il y a un point de vue général où peut être Votre « Excellence voudra se placer pour apprécier le mérite des « prêtres qu'il s'agit de nommer évêques et pour se déci- « der dans ses choix. L'épiscopat français est très digne « d'estime ; il tient son rang parmi les autres épiscopats du « monde catholique pour le talent et les vertus. Toutefois « personne n'ignore qu'il existe entre nous des différences « d'opinion qui répondent aux mots plus ou moins bien « faits d'ultramontanisme et de gallicanisme. Ces diffé- « rences portent soit sur certains privilèges du Pape, « comme l'infaillibilité par exemple, l'étendue et l'exercice

« de la juridiction pontificale, soit sur le caractère des rap-« ports de l'Eglise avec la société moderne et les institutions « générales de l'Europe. Nous formons ainsi deux camps à « peu près également nombreux ; peut-être qu'à l'épreuve « ceux-là seraient plus nombreux qui pensent que la ma-« gistrature et le clergé de notre pays ont rendu service « à la société et à la religion, en tempérant leur mutuelle « action par *ce système de pondération* qu'on a nommé le « gallicanisme et en prévenant ainsi, au seizième siècle, « une scission religieuse qui s'est produite chez d'autres « peuples, précisément *à cause de la situation trop dépen-« dante que la cour de Rome leur avait faite.* »

Qu'en pensez-vous, lecteur ? N'est-elle pas heureuse cette circonlocution pour arriver à dire que la papauté doit porter dans l'histoire la responsabilité du schisme du XVIe siècle ? Jusqu'à présent ceux qui ont étudié la Réforme dans ses causes n'avaient pas trouvé que la chose fût si simple. On avait cru que le relâchement des mœurs dans le clergé et, par suite, l'affaiblissement de la foi dans le peuple, la multiplicité des abus, les disputes sans fin et sans frein, les atteintes portées même dans des conciles, comme à Constance et à Bâle, à l'autorité du Saint-Siège, après le grand schisme d'occident qui avait amené la déchéance de la politique des papes, les passions populaires enfin soulevées par les tribuns que l'on sait, on avait cru, dis-je, que toutes ces causes avaient contribué à produire ce mouvement non pas de réforme mais de révolution qui s'est appelé le protestantisme ; mais on n'aurait sans doute pas trouvé dans l'histoire que le schisme du XVIe siècle était dû à la tyrannie des papes.

D'après ce jugement, il faudra reconnaître que le roi Henri VIII n'aurait pas réussi à entraîner presque tous les évêques de son royaume dans le schisme s'il n'avait pas été *dans une situation trop dépendante* vis-à-vis du pape. C'est pour la raison contraire que nous n'avons pas eu de schisme en France, où les évêques dépendaient si manifestement du roi. D'où il suit que plus le pape a d'autorité sur les évêques, plus on est exposé au schisme, plus les évêques sont dépendants du roi plus l'Eglise est à l'abri de toute scission. L'unité de l'Eglise ne sera jamais mieux garantie que quand tout le monde sera gallican. O esprit de parti !

Quelle peut donc être cette situation trop dépendante des évêques sinon celle qui résulte de la juridiction ordinaire et immédiate du pape sur les diocèses ? Par où l'on voit clairement que le pape avait en vain rappelé cette doctrine à l'archevêque, qui la combattait encore en 1870, à la veille de sa définition. Or, c'est là un des points capitaux de la lettre du 26 octobre. D'où j'ai le droit de conclure de deux choses l'une : ou l'archevêque s'est soumis au pape pour retomber plus tard dans son erreur, ou bien il n'a jamais adhéré aux enseignements du docteur suprême, et c'est ce que je crois avoir montré plus haut.

La lettre à M. E. Ollivier continue : « Rien ne me paraît « plus conforme aux vues d'une sage politique que de tâ- « cher d'avoir un épiscopat et par conséquent un clergé « compact, unanime et marchant d'un même pas dans le « sens de son époque et de son pays, autant que la chose « est compatible avec les principes du ministère ecclésias- « tique. Les dissentiments religieux sont toujours un grand « malheur et un embarras politique : dans les siècles de « foi et de mœurs rudes ils engendrent la guerre civile et « la persécution, dans les siècles plus doux et de civilisa- « tion avancée ils contribuent à développer l'indifférence « et le scepticisme et à détendre ainsi le ressort des forces « morales d'un peuple.

« Il est digne du gouvernement de l'empereur et des « hommes éminents qui le représentent d'atténuer ces dis- « sentiments et de les faire disparaître si on le peut. Pour « moi, je souffre plus que je ne saurais l'exprimer de voir « des journalistes intrigants et brouillons mettre la main

« sur la partie humaine de l'Eglise et nous engager, aux « yeux du peuple, dans une voie qui n'est pas la nôtre, et je « supplie les honnêtes gens, ceux surtout qui gouvernent la « France, de ne pas se désintéresser des affaires ecclésias- « tiques. C'est votre droit, c'est votre devoir d'intervenir. « Je ne propose pas d'entreprendre sur la liberté que la loi « laisse aux cultes reconnus par elle et notamment à la « religion catholique, je propose seulement d'agir dans la « mesure déterminée par notre droit public en général et « par le concordat en particulier.

« Pour atteindre régulièrement et peu à peu le but que « j'indique il faut, puisqu'il y a deux camps parmi nous, « choisir des évêques animés d'un même esprit, de l'esprit « qu'on préfère. A mon avis, ceux-là doivent être préférés, « toutes choses égales d'ailleurs, qui croient que la société « n'a pas moins besoin d'être consolée que d'être instruite, « qu'il faut la plaindre et la servir encore plus que la blâ- « mer et la craindre ; qui veulent marcher d'accord avec « leur temps et le gouvernement de leur pays, qui tâchent « d'avoir du tact autant que de la science et de la piété et « sont résolus à vivre de liberté autant que d'autorité.

« Si cette manière de voir était partagée par Votre Excel- « lence, il ne conviendrait peut-être pas d'accueillir, du « moins en ce moment, les candidats qui vous ont été si- « gnalés. Je dis en ce moment pour deux raisons : 1° Tel « ou tel d'entre eux pourrait passer plus tard sans grand « inconvénient, si huit ou dix choix d'une autre nuance « étaient faits de suite et marquaient ainsi la voie où le gou- « vernement veut se maintenir ; 2° les dissentiments dont je « parlais vont prendre, par suite des décisions du concile, « quelles qu'elles soient, un caractère aigu, qui forcera cha- « cun de nous à donner sa mesure, évêques et prêtres, (1) en

---

(1) *L'Eglise et l'Etat*, t. II, p. 142.

« sorte que c'est sagesse d'ajourner des promotions sur le « caractère desquelles on n'est pas absolument fixé, comme « c'est le cas pour les quatre candidats dont il s'agit. »

La voilà cette lettre ; on se demande après l'avoir lue si un évêque catholique pourrait contrarier davantage nos idées par le choc des siennes. M. E. Ollivier, qui paraît destiné fatalement à déconsidérer Mgr Darboy, publie tout à côté celle de l'abbé Combalot, qui appelle la comparaison. L'ardent missionnaire veut qu'on ne choisisse que « les plus dignes, les plus saints, les plus remplis de prudence et de zèle, de charité et d'amour pour leur troupeau... il veut que le ministre se sente assez fort pour fermer le chemin des plus hautes dignités à tous ceux qui... doivent être écartés ;... qu'il n'arrête jamais son choix sans s'être parfaitement renseigné auprès des évêques *que le Saint-Siège honore de sa confiance...* Si, ce qu'à Dieu ne plaise, un ministre prêtait les mains à des nominations propres à favoriser *des intrigues de parti ou d'ambition*, à récompenser les lâches connivences d'*une politique hostile aux droits du Saint-Siège*, à blesser les légitimes susceptibilités de l'épiscopat catholique, du clergé et des fidèles, il n'y a point de paroles qui puissent donner la mesure des malheurs qui seraient la suite d'une pareille conduite (1). »

Une vingtaine d'années plus tôt, les deux correspondants de M. E. Ollivier s'étaient rencontrés dans une polémique très vive que l'abbé Darboy soutenait pour Mgr Sibour contre l'abbé Combalot : on dit que celui-ci ne sortit pas vainqueur de la lutte. Maintenant les rôles sont changés : nous assistons à la revanche du missionnaire : l'abbé Combalot est vengé.

Evidemment ces deux hommes ne se sont pas fait le même idéal de l'évêque. Il n'y a du reste entre les deux qu'une dif-

---

(1) Ibid, p. 145.

férence : l'un veut un *évêque*, l'autre un *employé*, qui n'aura qu'à marcher, avec les autres, dans le sens de *son époque* et de *son pays*, à emboîter le pas de *son temps* et du gouvernement : il suivra n'importe qui, n'importe quoi, tout, excepté le pape. En effet, l'évêque de Mgr Darboy sera choisi sans le pape, contre le pape : on compte pour cela sur les hommes éminents qui gouvernent, et on les supplie de se souvenir que c'est leur *droit* et leur *devoir d'intervenir*. Comme cette dernière expression court le risque d'être mal interprétée il faudra qu'il ait l'humiliation d'expliquer sa pensée, en disant : « *Je ne propose pas d'entreprendre* sur la liberté que la loi *laisse* aux cultes *reconnus par elle* et *notamment* à la religion catholique. » Quel langage épiscopal!

On voit assez par là même quel système il aurait suivi pour former « un épiscopat compact et unanime », et l'on peut dire que si l'empire avait duré, si Mgr Darboy avait vécu, l'Eglise de France un jour se serait trouvée une fois encore et malgré le concile sous la domination d'un semi-gallicanisme pratique, parlementaire et régulier. Voilà ce que cet homme nous promettait, et ce qui aujourd'hui doit retentir douloureusement dans toutes les consciences catholiques. Dans un siècle où l'Eglise a eu tant à souffrir des persécutions des hommes d'Etat, et de l'abus qu'ils font en ce moment plus que jamais des concessions qu'elle a faites à d'autres, c'est un évêque qui les *supplie* de ne pas oublier leur droit et leur devoir, quand il faudrait au contraire les supplier de renoncer à ce droit ou de n'en user que dans le sens de l'abbé Combalot.

Ah ! cela nous ramène à la condition qui nous est faite présentement, et sans oublier que vers le milieu du second empire Mgr Pie donnait déjà de sévères avertissements au pouvoir, et qu'en 1873 il paraît avoir conçu l'espoir de rendre à l'Eglise le libre choix de ses pontifes, cette question ne s'est jamais imposée aussi vivement qu'aujourd'hui aux préoccupations des catholiques. Un prélat qui jouit parmi nous d'une considération méritée n'a pas craint d'en parler et de dire quelles sont « les anxiétés du peuple fidèle quand il voit le choix des premiers pasteurs aux mains des hommes qui doivent tout ce qu'ils sont à la haine du nom chrétien.., et qui, ayant à pourvoir aux évêchés vacants, d'avance et par système éliminent les plus dignes. » Après avoir vigoureusement caractérisé les entreprises de l'ennemi et montré le résultat qu'il poursuit, c'est-à-dire la destruction de l'Eglise, Mgr d'Hulst arrive à une conclusion qui nous paraît aussi juste qu'insuffisante : Il faut avoir confiance dans la sagesse et la fermeté du pape et des évêques, et accueillir avec respect ceux qui auront reçu l'investiture spirituelle.., « tant que durera la situation politique présente ». N'y aurait-il pas quelque chose de plus à tenter ? Nous souffrons de deux choses : des mauvaises dispositions des hommes du gouvernement dont on vient de nous parler et du pouvoir que leur donne le concordat de nuire à l'Eglise dans une chose aussi nécessaire à sa constitution intime et à sa vie extérieure que l'épiscopat. J'en conclus que les catholiques doivent s'efforcer d'améliorer non-seulement la situation politique, mais encore le concordat, et de rendre ainsi à l'Eglise et au pape une plus grande liberté dans le choix des évêques. Il suffirait du reste d'intervertir les rôles du pape et du gouvernement, et de laisser à celui-ci le droit de refus, en rendant à celui-là le droit de présentation. Dans le système actuel et avec de tels ministres, le pape ne pourra bientôt peut être refuser que les pires parmi les médiocres : dans l'autre le gouvernement ne pourrait refuser que les meilleurs parmi les bons.

Nous ne serions pas à l'abri des inconvénients dont nous souffrons aujourd'hui quand la situation politique se serait améliorée, car l'expérience prouve surabondamment que l'Eglise a eu des difficultés de ce genre avec les cinq ou six régimes qui se sont succédé depuis le commencement du siècle, et nous ne pourrions être complétement rassurés même après le retour d'une monarchie chrétienne, telle que nous pouvons l'avoir. Si quelqu'un faisait à ce point de vue l'histoire de l'Eglise de France au XIXe siècle il arriverait à cette conclusion, à cette vérité, qui ne court pas les rues, parmi nous, que le concordat est à refaire.

Ce n'est pas une raison parce que nos ennemis l'attaquent pour que nous le défendions, d'autant plus que leur attaque donne son propre caractère à la défense. Ils veulent supprimer le budget et, bien que nous défendions autre chose dans le concordat, ils affectent de nous prêter l'attitude des enfants d'Héli autour de la chaudière du sacrifice. Nous n'en serons que plus forts en montrant que nos préoccupations sont plus hautes et que, sans renoncer à aucun de ses droits, l'Eglise tient par-dessus tout à sa liberté qu'elle ne sacrifiera jamais pour de l'argent.

Dira-t-on que c'est manquer de respect pour le Souverain-Pontife et empiéter sur ses droits que d'attaquer ainsi un traité revêtu de la signature du pape ? Nous croyons au contraire que c'est lui venir en aide, et qu'il serait bien plus fort s'il pouvait, dans chaque pays catholique, s'appuyer sur une association puissante de tous les fidèles organisée pour la défense de leurs intérêts spirituels. Mais cette union de tous les catholiques ne se formera jamais sans le concours des évêques ; et je crains ici de tourner dans un cercle vicieux, puisqu'il faudrait former le grand parti pour obtenir la réforme du concordat, et que le concordat empêche la formation du parti catholique. Il est évident que le gouvernement abuse de la situation que lui fait le concordat pour entraver les évêques et les prêtres dans l'usage le plus légitime de leur liberté. De là est venu chez nous ce préjugé que le prêtre et l'évêque doivent rester confinés dans l'église et la sacristie. Il en résulte que l'Eglise reste isolée au milieu d'un peuple chrétien, abandonné à lui-même et à toute sorte d'aventuriers qui excitent ses passions, abusent de son ignorance, et trafiquent de sa misère. Elle a donc à reprendre sa place et son rôle de puissance sociale; il importe pour cela qu'elle soit non pas séparée de l'Etat, mais, ce qui n'est pas la même chose, soustraite aux atteintes des hommes d'Etat. C'est ce que pourrait obtenir un parti catholique fortement organisé, qui ne craindrait pas d'inscrire sur son programme, au premier rang des revendications nécessaires, la révision du concordat dans le sens de la liberté de l'Eglise.

Nous avons quitté Mgr Darboy, il y a quelques instants à peine, pour jeter un coup d'œil sur la situation de l'Eglise et nous voilà aux antipodes de l'archevêque de Paris; cela ne prouve-t-il pas que nous ne saurions trouver dans cette vie ni les leçons ni les exemples dont nous aurions tant besoin dans la crise que nous traversons? Malheureusement nous y trouvons tout le contraire, et c'est pourquoi il eût été prudent de ne pas entreprendre une histoire que l'on ne pouvait écrire sans s'exposer ou à trahir la vérité pour un homme ou à charger la mémoire de cet homme du poids écrasant de la vérité.

Qu'il nous soit permis d'espérer que les tendances et les idées que nous avons trouvées chez Mgr Darboy n'auront plus de partisans dans le clergé ni dans l'épiscopat, à cause de la réprobation unanime qu'elles rencontrent dans l'Eglise. Du reste le système gallican est mort le jour où l'infaillibilité a été définie dans la basilique du Vatican. Suivons-le jusque-là. Il y avait deux nuances assez distinctes dans cette vieille école : la nuance théologique et la nuance politique, celle de la Sorbonne et celle du Parlement et de la cour. La Sorbonne, à laquelle il avait fallu imposer l'édit des quatre articles en 1682 et qui l'avait adopté pour l'enseignement, parut au concile telle qu'elle était, avec toute la logique de ses idées, dans le livre de Mgr Maret, et finit presque honorablement. L'autre, la nuance politique, représentée au XVIIe siècle par Colbert plus que par Bossuet et qui avait toujours cherché à empiéter sur les droits de l'Eglise et du

Souverain-Pontife, y parut aussi représentée par le grand aumônier de l'empereur et y finit au pied du trône de l'infaillibilité pontificale, après une dernière tentative contre la liberté de l'Eglise, dans un misérable jeu de mots de l'archevêque de Paris.

N'ayant jamais eu l'intention de refaire ni même de reviser toute la vie de Mgr Darboy, nous pouvons nous arrêter ici, sans éprouver le besoin de suivre ses historiens à travers des récits qui n'offrent pas tous un bien vif intérêt. Nous accordons volontiers que ce prêtre a été correct dans sa vie et de mœurs irréprochables ; mais on ne trouve rien de ces vertus éminentes qui s'imposent à l'imitation en même temps qu'à l'admiration des chrétiens. Ne pourrait-on pas dire avec raison qu'il a été plus chrétien que prêtre, plus prêtre qu'évêque, et que le baptême a laissé plus de traces dans son âme que le sacrement de l'ordre ?

D'autre part, il s'était fait une place aux premiers rangs de l'épiscopat par sa valeur intellectuelle, par la fermeté, l'élévation et même la vraie grandeur de son style, et par une parole, ordinairement froide, qui s'échauffait parfois au foyer de l'esprit sinon du cœur. Voilà ce qui explique le réel prestige et l'influence de l'archevêque de Paris.

Si le caractère de cet homme avait été à la hauteur de son esprit et si des considérations d'un genre à part n'avaient fait fléchir la rectitude primitive de ses idées théologiques et politiques, nous aurions eu un grand évêque, la France un grand homme, l'Eglise un martyr de plus.

Malgré tout sa mort a été belle et nous ne songeons pas à protester contre ceux qui se croient autorisés à faire de lui un « martyr. » Nous ne croyons pas non plus que la prophétie dont on parle tant soit un outrage à sa mémoire, comme ses amis paraissent le craindre. Pour notre part, nous aurions mieux aimé qu'il n'eût pas dit : « Je suis du parti de la liberté » dans une circonstance où l'Eglise aurait dû lui apparaître autrement grande que l'idole de la révolution. Et puis, quand on doit mourir pour l'Eglise, il est toujours avantageux de se compromettre pour sa cause. Quoi qu'il en soit, nous dirons volontiers que cette fin tragique reste, même au point de vue naturel et humain, le dernier et peut-être le plus grand avantage qui ait été accordé à Mgr Darboy : sa mort défend sa vie.

Cela ne peut aller toutefois jusqu'à faire oublier, jusqu'à faire taire la vérité. Elle a ses droits imprescriptibles, elle ne cède jamais sa place, même devant les sentiments les plus respectables ; et c'est ce qui explique et légitime l'entreprise de celui qui a écrit ces pages. Sans autre préoccupation que celle de dire la vérité, il a étudié cette vie épiscopale par les sommets, cherchant à se rendre compte des inspirations et des mouvements de cette âme, à apprécier les idées et le caractère d'un homme pour qui l'histoire est tentée de se faire complice de l'amitié.

Heureusement ces tentatives ne sont jamais longtemps ni tout-à-fait victorieuses, et Mgr Darboy occupera la place qui lui appartient dans le jugement de la postérité. On reconnaîtra ses mérites ; on n'ignorera ni les défaillances de son caractère, ni ses complaisances pour le gouvernement, ni son opposition à la papauté ; on lui reprochera d'avoir voulu mettre l'Eglise à la remorque de l'Etat, et l'on sera tenté de le classer plutôt parmi les serviteurs de l'Empire que parmi les défenseurs de l'Eglise et du Souverain-Pontife. Finalement, si la chronologie lui fait tort en le nommant avant le cardinal Guibert et après le cardinal Morlot, l'histoire le servira peut-être mieux en le plaçant entre Noailles et Maury.

AVIS

Cet opuscule n'est pas signé : l'auteur, qui croit avoir le courage de ses convictions, obéit en cela à des raisons de haute convenance qui le mettent dans l'impossibilité morale d'agir autrement.

On reconnaîtra du reste facilement qu'il importe peu de lire le nom d'un homme qui, n'ayant jamais eu aucune relation ni avec Mgr Darboy ni avec S. E. le cardinal Foulon, n'a pu apporter dans cette Etude *que la passion de la vérité.*

Mais s'il y a quelque responsabilité à encourir, qui menace de s'égarer, il ne croira pas faire un effort héroïque en se découvrant, et en disant tout haut : « ....Me, me, adsum qui feci... »

C'est pourquoi il souhaite qu'on le mette au courant des observations que pourra susciter son appréciation du caractère et des idées de Mgr Darboy. Par lui-même, il n'y arriverait certainement pas, car un presbytère de campagne ressemble bien plus à la Caverne *de Platon qu'à une agence de publicité.*

Il sera donc reconnaissant à ceux de ses contradicteurs et de ses amis inconnus qui voudront bien lui adresser leurs critiques par l'intermédiaire de M. P. Pigelet, imprimeur-éditeur à Gien. Il est des contradictions qui éclairent et des approbations qui consolent et fortifient... On peut avoir besoin des unes et des autres.

TABLE DES MATIÈRES

FIN DE LA TABLE

Gien. — Imp. P. Pigelet.

www.ingramcontent.com/pod-product-compliance
Ingram Content Group UK Ltd.
Pitfield, Milton Keynes, MK11 3LW, UK
UKHW020343180726
13839UKWH00002B/878